Yoko Tawada, Verwandlungen

YOKO TAWADA

Verwandlungen

Tübinger Poetikvorlesungen

konkursbuch
VERLAG CLAUDIA GEHRKE

Inhalt

DIE ERSTE VORLESUNG

Stimme eines Vogels oder das Problem der Fremdheit

Wenn man in einem fremden Land spricht, schwebt die Stimme merkwürdig isoliert und nackt in der Luft. Es ist, als würde man nicht Wörter, sondern Vögel ausspucken.

Manchmal entsteht ein Vogelzwitschern, das tief ins Gehör eindringt, dabei aber unfassbar bleibt. Dann sucht man nach dem Singvogel, als wollte man eine Bestätigung dafür haben, dass da wirklich eine Stimme war. Man sieht aber nichts außer den dicht gewachsenen Blättern. Wenn man Glück hat, sieht man den Schatten eines wegfliegenden Wesens.

Ein seltsames Gefühl beim Sprechen vor fremden Ohren: Die Sätze bilden klare Konturen – was beim Sprechen in der Muttersprache oft nicht der Fall ist –, der Inhalt wirkt konkret und bildhaft, nur die Stimme findet keinen Platz in der Luft.

Es ist bekannt, dass die verschiedenen Vogelarten sehr unterschiedlich zwitschern, obwohl bei fast allen die Artikulationsorgane ungefähr gleich gebaut sind. Die Unterschiede im Singen haben weder biologische noch klimatische Gründe. Bei den Menschen verhält es sich ähnlich. Menschen sprechen nicht nur unterschiedliche Sprachen, sondern haben auch verschiedene Stimmen. In Schweden zum Beispiel spricht man leiser als in Deutschland,

und in Ostasien sind die Stimmen meistens höher als in Europa. In Kalifornien habe ich gehört, wie die Stimme aus dem Scheitel kam, während in der Steiermark das Sprechen zwischen Bauch und Schlüsselbein begann. Es gibt noch viel mehr Differenzen und interessante Details. Was macht man, wenn man von fremden Stimmen umgeben ist? Einige Menschen versuchen bewusst oder unbewusst, ihre Stimme der neuen Umgebung anzupassen. Tonhöhe und Lautstärke werden korrigiert, der neue Sprachrhythmus wird nachgeahmt und auf das Ein- und Ausatmen geachtet. Jeder Konsonant, jeder Vokal und vielleicht auch jedes Komma durchlaufen die Fleischzellen und verwandeln die sprechende Person. Das ist vielleicht einer der Gründe, warum die Emigranten in der zweiten oder dritten Generation andere Gesichter bekommen als diejenigen, die im Land der Vorfahren geblieben sind.
Anstelle des Assimilationsversuchs kann man auch die seltsame Nacktheit der eigenen Stimme genießen. Die Stimme hat oft die Funktion, einen Menschen an die Gesellschaft festzubinden. Zu diesem Zweck muss die Stimme unsichtbar werden. Sie wirkt dann wie ein chemischer Klebstoff. Dagegen bleibt eine fremde Stimme undurchsichtig und unterbricht die Melodie des gemeinsamen Gesprächs, öffnet eine Lücke, die peinlich oder erfrischend sein kann.
Wenn ich hier von ‚fremder Stimme' spreche, so gehe ich nicht davon aus, dass jemand, der nur die Muttersprache spricht, seine ursprüngliche Stimme aufbewahrt. Denn wir behalten nicht die Stimme, mit der wir geboren werden. Die Spannung zwischen Integration und Fremdheit der Stimme ist ein unvermeidlicher Teil der Sozialisation.
Julia Kristeva macht eine Beobachtung zur chinesischen Sprache, die in diesem Zusammenhang besonders interessant ist:
„Die Klangvarianten und Intonationen sind die ersten Unterscheidungsmerkmale des Klangflusses, die Kinder

erfassen und nachahmen können; während Kinder, die in einem nicht mit Klangfarben operierenden Sprachmilieu aufwachsen, diese sehr schnell vergessen, prägen sie sich denen, die auf die Klangfarbe des Gesprochenen achten müssen, sehr deutlich ein; somit werden die kleinen Chinesen früher als andere (5. bis 6. Monat) in den sozialen Kommunikationskodex Sprache eingeführt und sind sehr rasch in der Lage, die Töne, diese fundamentalen Charakterzüge ihrer Sprache, zu unterscheiden. Und da in diesem Alter die Abhängigkeit vom Körper der Mutter noch sehr stark ist, modelliert die seelisch-körperliche Prägung der Mutter die Tonfärbung der lautlichen Äußerung, die sie unverfälscht weitergibt, bis sie zu einer latenten, aber aktiven Basis der Kommunikation wird, sobald das, nun zweitrangigere, grammatische System erfasst ist, das eine nun stärkere Sozialisierungsfunktion innehat, da es die Übermittlung einer aus Bedeutungen (und nicht mehr aus Klangimpulsen) bestehenden, für ein Gegenüber (das nicht mehr die Mutter ist) gedachten Aussage garantiert."[1)]

In einer Sprache, in der der Tonfall eine grammatikalische Relevanz hat, stellt die gesprochene Sprache eine Beziehung zwischen den Phasen vor und nach dem Eintritt in die kommunikative Sprache her. Der Sprachrhythmus, der in der Fremdsprache weiterlebt und sie entstellt – man bezeichnet ihn auch als ‚Akzent' –, enthält die Erinnerung an den Leib der Muttersprache. Umgekehrt gewinnt eine Sprache manchmal eine Art Körperlichkeit, wenn sie von einer fremden Zunge gesprochen wird.

Bevor ich noch Hamburg kam, hatte meine Stimme keine Bedeutung für mich. Ich empfand sie nie als Vibration, Wellen, zitternde Nacktheit oder flatternde Vögel in der Luft. Ich sprach so unauffällig, wie man normalerweise seine Muttersprache spricht, und meine Sprache wurde von meinen Gesprächspartnern wie geschriebene Sätze aufgenommen. Nie hatte ich das Gefühl, dass meine

Worte aus meinem Körper kamen. Meine Handschrift hingegen bedeutete für mich viel. In Briefen, in Tagebüchern oder auch in Schulaufsätzen machte ich eine Reise in unbekannte Landschaften, und meine Handschrift war immer meine Reiseleiterin. Die mit weichem Bleistift langsam ins Papier eingetragene Kinderschrift wurde durch nichts zerstört, während meine Stimme vom Gesamtklang der Gemeinschaft verschluckt wurde.
Einmal sah ich eine Videoaufnahme von einem Künstler, der auf dem Kopf stand und ein Wort so lange wiederholte, bis er nicht mehr sprechen konnte. Wenn ich mich richtig erinnere, lautete das Wort, das er sorgfältig aussprach, „lispeln". Die Zunge wurde im Laufe der Zeit immer schwerer, als müsste sie sich gegen die Gravitation bewegen. Die körperliche Anstrengung beim Sprechen verlieh der Sprache eine andere Qualität. Die Zunge verwandelte sich in ein Tier, die Lippen wurden immer unsicherer, und die Zähne störten nur noch. Um sprechen zu können, muss man über alle Organe die Kontrolle behalten. Der Mann verlor die Kontrolle, und die einzelnen Körperteile fingen an, ihren eigenen Willen zu behaupten.
In diesem Sinne verstehe ich es als künstlerisches Experiment, eine fremde Sprache zu sprechen und dabei die körperlichen Anstrengungen zu beobachten. Es ist natürlich meistens nicht als Experiment gedacht, wenn jemand in/mit einer Fremdsprache lebt. Für diejenigen, die im Ausland leben, ist das vielmehr eine Notwendigkeit. Mittlerweile frage ich mich aber, ob ein Experiment oder ein Spiel, das nicht aus Langeweile, sondern aus Not entstanden ist, nicht viel interessanter ist. Man muss den überflüssigen Unsinn genau an die Stelle treiben, an der etwas Existentielles auf dem Spiel steht.
Wer aus einer Unsicherheit heraus ein Experiment betreibt, steht auf einer Papierbrücke. Wenn man nur langsam sprechen kann, stottern muss oder eine unnö-

tige Pause zwischen den Wörtern macht, kommt sofort jemand mit einem uniformierten Gehirn an und spuckt Verbesserungsvorschläge, psychologische Ratschläge, pädagogische Angebote oder humanistisches Mitgefühl aus. Da es immer Menschen gibt, die auf diese Weise unsere Sprachen kontrollieren, domestizieren, angreifen oder zum Verstummen bringen wollen, darf man eigentlich keine Schwäche beim Sprechen zeigen. In die Luft freigelassene Stimmen machen den Sprecher angreifbar. Man könnte sich zum Beispiel verteidigen, indem man nichts sagt. Aber Schweigen ist in Deutschland verboten. Was tun? Aus dieser Not kann das experimentelle Sprechen entstehen. Man kann zum Beispiel Zäsuren der Verlegenheit, die einen Satz ungeschickt auseinanderschneiden, bewusst als ein den Rhythmus gestaltendes Element einsetzen. Man kann eine monotone Sprachmelodie oder zwanghafte Wiederholungen eines Wortes oder eines Satzbaus dafür nutzen, dem Text einen rituellen Charakter zu verleihen.

„Stimmen, ins Grün
der Wasserfläche geritzt.
Wenn der Eisvogel taucht,
sirrt die Sekunde:“[2)]

Diese Anfangszeilen aus Paul Celans Gedichtzyklus „Sprachgitter“ sitzen schon seit langem in meinem Kopf. Die Stimmen, die wie Schrift auf eine Wasseroberfläche geritzt sind, scheinen unhörbar zu sein. Erst nach dem Auf- oder Eintauchen eines Eisvogels hört man zumindest ein Geräusch, ein Sirren, und dann sieht man den Doppelpunkt. In „Sprachgitter“ befindet sich am Anfang der meisten Strophen das Wort „Stimmen“. Oft folgt ein Doppelpunkt, wie eine Ankündigung: Jetzt kommt der Inhalt der Aussage, die die Stimme gesagt hat. Jetzt kommt die Übersetzung der unverständlichen Stimmen in die menschliche Sprache. Der Doppelpunkt erweckt

eine Erwartung auf eine Vermittlung des Inhalts, eine Erläuterung oder eine Übersetzung. Der Bereich vor dem Doppelpunkt, der der Stimmen, bleibt hingegen frei von einem Inhalt. Ich stelle mir ein Gedicht vor, das nur aus Stimmen besteht und keinen Inhalt braucht.
Es gibt eine interessante Redewendung im Deutschen: „Bei dem piept es." Eine Stimme, wahrscheinlich die eines Vogels, spricht dann, und die Denkweise einer Person, bei der „es piept", wird von der Stimme beeinflusst. Auch in der deutschen Romantik spielt die Vogelstimme eine wichtige Rolle. In E.T.A. Hoffmanns Märchen „Das fremde Kind" zum Beispiel kommen Waldvögel vor, die mit musizierenden Automatenpuppen konkurrieren. Diese Konkurrenz beginnt schon im Kinderzimmer. Während die Kinder dort mit ihren neuen Automatenpuppen spielen, hören sie die Stimmen von Zeisig, Fink und Nachtigall, die im benachbarten Wald singen. Die Lust erwacht, wieder in den Wald zu gehen. Da die Kinder sich aber nicht von den Puppen trennen können, nehmen sie sie mit in den Wald. Auch im Königreich der Feen, von dem das Märchen erzählt, gelten die Vögel als besondere Wesen, weil ihr Gesang alles, was sich im Palast, im Garten und im Wald befindet, belebt.
Die Vogelsprache ist gleichzeitig der Vogelgesang, sodass Sprache und Musik zusammentreffen. Sie ist die Sprache des Fliegenden. Menschen kennen das Fliegen aus eigener Kraft eigentlich nur aus Träumen. Insofern kann man die Vogelsprache auch als Sprache der Träumenden bezeichnen. Die Kinder in Hoffmanns Märchen verstehen die Sprache der Vogelstimmen zum ersten Mal, als sie selbst fliegen. Die mimetische Bewegung des Fliegens ermöglicht ihnen, die Sprache der Fliegenden zu erlernen.
Es gibt aber eine dämonische Figur, die die Sprache der Vögel und des Waldes zerstören will. Diese Figur, die im Märchen verschiedene Gestalten annimmt, erscheint zunächst als Hauslehrer „Magister Tinte". Er behauptet,

ein wichtiger Vertreter der Wissenschaften zu sein, und bezeichnet alles, was in diesen Wissenschaften keinen Wert besitzt, als „Zeug". Der Wald ist für ihn vollgestopft mit schlimmstem Zeug. Vor allem kann er nicht ertragen, dass es dort keinen „ordentlichen Steg und Weg" gibt und dass die Vögel kein „vernünftiges Wort" sprechen können. Er zieht einen „vernünftigen Garten" vor. Die Blumen in einem Topf zum Beispiel gefallen ihm, weil man durch ihren Duft Räucherwerk sparen kann. Die kleinen Blumen im Wald hingegen sind in seinen Augen nutzlos, sodass sie eigentlich sofort vernichtet werden sollten. Seine Aggression steigert sich, als Christlieb ihn auf die „Augen" der Blumen aufmerksam macht; wie die Augen der Blumen die Menschen anblicken, wird der Magister Tinte so wütend, dass er eine Blume mitsamt der Wurzel aus der Erde reißt. Für Christlieb sind die Blumen weder Gebrauchsgegenstände noch Forschungsobjekte. Vielmehr sind sie selbst Beobachter, die mit ihren eigenen Augen die Menschen anschauen. Aber der Wissenschaftler möchte nicht von der Natur betrachtet werden. Ein Objekt, das zurückblickt, versetzt ihn in Angst und Hass. Er muss die Augen der Blumen entwurzeln und vernichten, um sich seiner Position als Herrscher über die Natur zu vergewissern. Ähnlich verhält es sich mit dem Vogel. Als ein Zeisig dicht unter die Nase des Magisters flattert, sich auf einen Zweig setzt und zu singen beginnt, klingt dieser Gesang in seinen Ohren wie Spott. Er ärgert sich so, dass er einen Stein nach dem Vogel wirft und ihn tötet. Der Wissenschaftler möchte keinen Kommentar aus der Natur hören. Alle Naturgeräusche, die die Kinder im Unterschied zu ihm als Sprache wahrnehmen, bezeichnet Magister Tinte abwertend als Zeug. „Was sprecht ihr da für tolles albernes Zeug? – wer hat euch die Narrheiten in den Kopf gesetzt? Das fehlte noch, dass Wälder und Bäche dreist genug wären, sich in vernünftige Gespräche zu mischen, und mit dem Gesange der Vögel ist es auch nichts".[3)]

In dem Märchen „Die Nachtigall" von Hans Christian Andersen kommt auch ein Singvogel vor, der mit einem mechanischen Vogel konkurriert.[4] Während in Hoffmanns Märchen die Sprache der Automatenpuppen eine genauso wichtige Rolle spielt wie die der Vögel, transportiert Andersens Märchen eine ökologische Moral: der Kaiser, der den wunderbaren echten Vogel durch einen leistungsfähigen mechanischen Vogel ersetzt, wird krank und bereut seinen Fehler. Dem Märchen liegt der alte Glaube an die Heilkraft der Stimme der Nachtigall zugrunde. Wegen seiner eingängigen Moral und seiner sentimentalen Liebe zur Natur ist dieses Märchen viel bekannter geworden als das von E.T.A. Hoffmann.

Auch in Ludwig Tiecks Märchen „Der blonde Eckbert" ist die Vogelsprache von großer Bedeutung. Die Protagonistin verlässt als kleines Mädchen ihre Pflegeeltern, die sie misshandeln. Nach einer langen Wanderung durch bedrohliche Wälder und wilde Felslandschaften begegnet sie einer alten Frau, die allein in einer unbewohnten Gegend lebt. Diese besitzt einen Vogel, der singt:

„Waldeinsamkeit,
Die mich erfreut,
So morgen wie heut
In ew'ger Zeit,
O wie mich freut
Waldeinsamkeit."[5]

Von diesem Tag an lebt das Mädchen bei der alten Frau und arbeitet für sie. Eines Tages verrät die alte Frau dem Mädchen das Geheimnis des Vogels. Er lege jeden Tag ein Ei, in dem sich eine Perle oder ein Edelstein befinde. Das Mädchen solle jeden Tag das Ei aus dem Käfig nehmen und in ein Gefäß legen. Die Schönheit der Juwelen, die unbeachtet und unverändert bleibt, wird später mit der Schönheit des Mädchens verglichen. Denn auch das Mädchen wächst auf, ohne von anderen Menschen gesehen zu werden. Das Mädchen kennt keinen anderen

Gesprächspartner außer der alten Frau und dem Vogel. Im Märchen heißt es: „... der Vogel antwortete mir in seinem Liede auf alle meine Fragen." Einige Leser möchten das Mädchen gerne als Verkörperung der Unschuld ansehen. Aber das Mädchen entwickelt bald eine starke Sehnsucht nach einer anderen Welt und denkt immer öfter nach über den Reichtum, den sie durch den Verkauf der Vogeleier erlangen könnte. Durch die Lektüre zahlreicher Bücher entsteht außerdem in seinem Kopf das Bild eines idealen Ritters. Eines Tages, als die alte Frau für längere Zeit verreist, kann das Mädchen den inneren Drang, das Haus zu verlassen, nicht mehr unterdrücken. Es nimmt den Vogelkäfig und läuft davon. Es wandert von einem Ort zum anderen, und im Laufe der Zeit lässt die Angst, von der alten Frau verfolgt zu werden, nach. Das Mädchen verkauft die Eier des Vogels und mietet sich ein Haus. Es scheint, als hätte es Schmerz und Angst überwunden. Eines Nachts aber beginnt der Vogel, der lange nicht mehr gesungen hatte, plötzlich, mit verändertem Text das alte Lied zu singen:

„Waldeinsamkeit,
Wie liegst du weit!
Oh, dich gereut
Einst mit der Zeit. –
Ach, einz'ge Freud'
Waldeinsamkeit."[6)]

Das Lied ruft bei dem Mädchen Schuldgefühle und Reue hervor. Es kann nicht mehr schlafen und erwürgt den Vogel, der nicht aufhören will zu singen. Die Protagonistin heiratet den blonden Eckbert, einen Ritter, und führt mit ihm ein stilles Leben. Eines Tages erzählt sie Philipp Walther, dem Freund ihres Mannes, von ihrer seltsamen Kindheit. Durch Zufall stellt sich heraus, dass Walther die Geschichte ihrer Kindheit schon genau kannte. Eckberts Frau wird krank und kann sich nicht mehr von dem Gefühl befreien, Walther sei niemand anders als die alte

Frau von damals. Eckbert ermordet Walther, dessen Existenz ihn und seine Frau quält. Das unheimliche Kompositum „Waldeinsamkeit", das im Vogellied wiederholt wird, beginnt mit derselben Lautfolge wie der Name „Walter", eine Figur, die wie eine verdrängte Erinnerung immer wieder auftaucht. Nachdem seine Frau an ihrer Krankheit gestorben ist, lebt Eckbert allein und zurückgezogen. Nach langer Zeit gewinnt er einen neuen Freund: Hugo. Aber in Tiecks Märchen erweist sich jedes neue Element als Wiederkehr einer Erinnerung. So entpuppt sich der neue Freund Hugo bald als Walther. Als Eckbert das bemerkt, erklingt das alte Lied des Vogels mit abermals verändertem Text:

„Waldeinsamkeit
Mich wieder freut,
Mir geschieht kein Leid,
Hier wohnt kein Neid,
Von neuem mich freut
Waldeinsamkeit."[7)]

Der ermordete Walther erscheint als Hugo, so wie die verratene alte Frau als Walther auftauchte. Alles, was verlassen oder getötet wurde, kehrt wieder zurück, wenn das Lied des Vogels die alten Erinnerungen aktiviert. Dabei bleibt der Inhalt des Liedes verschlüsselt. Gerade weil der Text des Liedes kein konkretes Geschehen beschreibt, bleibt die Wiederholung des Wortes „Waldeinsamkeit" magisch wirksam, und das Lied erreicht die alten Erinnerungen, die tief begraben zu sein schienen.

Eines der besten Beispiele für die Bedeutung der Vogelsprache findet man in Richard Wagners „Der Ring des Nibelungen": Siegfried kann, seitdem er den Wurm erschlug, die Vogelsprache verstehen.

„Von des Wurmes Blut
mir brannten die Finger;
sie führt' ich kühlend zum Mund:
kaum netzt' ein wenig

die Zunge das Naß,[sic]
was da die Vöglein sangen,
das konnt' ich flugs verstehn."[8]

Die Stimme des „Waldvogels", die im „Ring" eine eigenständige Figur ist, gibt Siegfried Ratschläge, mit deren Hilfe er sein Leben vor dem Feind retten kann.

Die Vogelsprache ist jedoch kein Strukturelement allein der germanischen Mythen und der deutschen Romantik. In „Schamanismus und archaische Ekstasetechnik" hält Mircea Eliade fest, die Vorstellung, die „Sprache der Tiere" könne von bestimmten Menschen erlernt werden, sei fast überall in der Welt zu finden: „‚Zauberei' und ‚Gesang' – besonders der Gesang nach Vogelart – werden häufig mit ein und demselben Wort bezeichnet. Das germanische Wort für den Zauberspruch ist galdr; man gebraucht es zusammen mit dem Verbum galan, ‚singen', das speziell auf die Schreie der Vögel angewendet wird. Die Sprache der Tiere, an erster Stelle die der Vögel, zu erlernen, heißt überall auf der Welt die Geheimnisse der Natur kennen und damit auch prophezeien können. Die Sprache der Vögel lernt man im Allgemeinen, indem man von der Schlange oder einem anderen als magisch geltenden Tier isst. Diese Tiere können die Geheimnisse der Zukunft enthüllen, weil sie von den Seelen der Toten bewohnt und Epiphanien von Göttern sind."[9] Diese Beschreibung zeigt, dass Siegfried bei Wagner eine schamanistische Tradition wiederholt, ohne es zu wissen: Der Wurm, den Siegfried erschlägt, entspricht der Schlange, von der bei Eliade die Rede ist. Dadurch, dass Siegfried das Blut des Wurms zu sich nimmt, erlernt er die Vogelsprache. Weil er aber – im Unterschied etwa zu den sibirischen Schamanen – die Tiersprache nicht bewusst im Zusammenhang mit einem Ritual lernt, fehlt ihm der Respekt vor dem Wurm, dem er diese Kenntnis verdankt.

Auch im alten China gab es die Vorstellung einer besonderen Bedeutung der Vogelsprache: Konfuzius schätzte einen Mann, der offiziell eines Mordes für schuldig befunden und verurteilt worden war, und erlaubte ihm, seine Tochter zu heiraten. Interessant ist der Grund, warum der Schwiegersohn als Mörder verdächtigt wurde: Er konnte nämlich die Vogelsprache verstehen und hörte zufällig, wie sich die Vögel über den Mord unterhielten. Daher wusste er genau, wo die Leiche versteckt wurde. Aber die meisten Menschen wollten seine Geschichte nicht glauben und unterstellten ihm, selbst der Täter gewesen zu sein.

Mozart hat statt eines tragischen Helden, der eine Riesenschlange tötet, eine Parodie des Schamanen auf die Bühne gestellt: den Vogelfänger Papageno in der „Zauberflöte". Er ist – wie ein Schamane – mit Federn bekleidet. Papageno lässt den Prinzen zwar glauben, er sei der Held, der die Schlange getötet habe, in Wirklichkeit aber haben drei Damen die Schlange besiegt – und zwar nicht mit Schwert und Blut, sondern allein durch die Sprache. Sie brauchten nur fünf Wörter dafür: Stirb, Ungeheuer, durch unsre Macht!"[10)] In der nächsten Zeile heißt es dann schon: „Triumph! Triumph!" Papageno ist kein Drachentöter, sondern nur ein Vogelfänger. Er versteht keine Vogelsprache und ist daher auch kein Prophet. Er liefert bloß den Frauen gefangene Vögel und bekommt dafür Essen und Getränke.

Eliade schreibt, ein zukünftiger Schamane müsse im Verlauf der Initiation die Geheimsprache erlernen. Die Geheimsprache sei oft durch die Nachahmung von Tierschreien entstanden.[11)] Sie sei eine mimetische Sprache, die den Klang der Natur nachahmt. Da sie in direkterer Verbindung mit der Natur und mit den Toten stehe als die menschliche Sprache, gelte sie als Medium der Prophezeiung. Im aufgeklärten Kontext der Moderne aber hat diese Art Geheimsprache keinen kulturell anerkannten Ort mehr. Die Redewendung „einen Vogel haben" zeigt, dass die Vogelsprache eine andere Sprache ist als die der

Vernunft. Die Vogelsprache gilt in dieser Redewendung als Abweichung von der Normalität. Ein Mensch, der diese ‚andere' Sprache im Kopf hat, wird als ‚verrückt' angesehen.
Das älteste überlieferte Gesangstück, in dem Vogelstimmen dargestellt werden, wurde schon vor etwa 450 Jahren komponiert. Ein Komponist in Paris schrieb das Stück mit dem Titel „Der Gesang der Vögel". Ich hörte es zufällig in einer Musiksendung des Deutschlandfunks zu diesem Thema, während ich an genau dieser Stelle der Vorlesung arbeitete. Beim Anhören einiger Kompositionen von Beethoven, Leopold Mozart, Händel, Schumann, Saint-Saëns usw., die im Radio gespielt wurden, fiel mir auf, dass sich die meisten Komponisten mit dem Kuckuck und der Nachtigall beschäftigen. Sie beziehen sich eher auf die mythologischen Bilder dieser Vögel als auf solche Vogelstimmen, denen sie in Wirklichkeit begegneten. Olivier Messiaens Komposition „Catalogue d'oiseaux" zeigt dagegen eine ganz andere musikalische Mimik und Gestik auf. Das Zwitschern von Alpendohlen, Pirolen, Blaumerlen, Mittelmeersteinschmätzern, Waldkäuzchen, Heidelerchen usw. wird in Klaviermusik transportiert. Weder ein Kuckuck noch eine Nachtigall sind in diesem Vogelkatalog zu finden. Die Musik löst eine starke Erinnerung bei mir aus, aber diese Erinnerung gilt nicht einer bestimmten Vogelstimme. Eine naturalistische Nachahmung der Vogelstimmen auf einem Klavier ist allein deshalb unmöglich, weil Vögel in viel kleinerem Intervall singen, als Klaviertasten wiedergeben können. Sie singen weder in einem gleichstufig temperierten Tonsystem, noch halten sie sich an ein menschliches Taktschema. Wenn man den Vogelgesang auf einem Klavier spielt, entsteht also zwangsläufig eine Fälschung. Genau dadurch wird die Haltung der Nachahmung selbst spürbar. Messiaens Transformation wirkt präzise, sorgfältig und konzentriert. Einige Fotos zeigen ihn in einer Naturlandschaft, wie er

dem Gesang der Vögel lauscht. Dabei hält er einen Stift in der Hand und notiert den Gesang der Vögel. Es ist nichts anderes als die Tätigkeit der Nachahmung selbst, die er nachgeahmt hat. Denn eine der wichtigsten Eigenschaften der Vögel ist, dass sie das Zwitschern anderer Vögel nachahmen.

Ein Vogel, der eine menschliche Sprache nachahmend spricht, versteht weder den Inhalt noch die sogenannte Grammatik der Sprache. Auch werden Menschen nie die Vogelsprache verstehen können. Aber eine konzentrierte Nachahmung kann – wie Träume – klare Abbilder der fremden Sprache darstellen.

Wenn ich deutsch spreche, komme ich mir manchmal vor wie eine Komponistin, die in einem Wald steht und versucht, die Musik der Vögel zu hören, zu notieren und nachzuahmen.

Wer mit einer fremden Zunge spricht, ist ein Ornithologe und ein Vogel in einer Person.

DIE ZWEITE VORLESUNG

Schrift einer Schildkröte oder das Problem der Übersetzung

Es ist eine Kunst, das Alphabet zu lesen. Vor kurzem stellte ich plötzlich fest, dass ich kein deutsches Buch lesen kann. Je länger ich mich mit der deutschen Sprache beschäftige, desto mehr Schwierigkeiten fallen mir ins Auge. Aber daran habe ich mich schon gewöhnt. Die Schwierigkeiten werfen Licht auf den Sprachkörper und machen ihn auf diese Weise sichtbar. Dagegen bleibt man meistens blind in einer Sache, die man beherrscht.

Lange habe ich nicht bemerkt, dass ich mich nur ganz selten in die Lektüre eines deutschen Buches versenken kann. Als Kind bin ich in ein Buch hineingerannt, wie man das eigene Haus betritt. Dann versank ich in die Welt, die dort beschrieben wurde, und sah die Sprache nicht mehr. Um in ein Buch wie in ein Haus hineinzukommen, muss man so schnell lesen, dass die Buchstaben verschwinden. Vielleicht liegt es aber nicht an der Geschwindigkeit, sondern an der Art des Lesens. Theoretisch weiß ich schon, wie man phonetische Schrift liest: Man muss sie im Kopf schnell in die entsprechenden Wortlaute umsetzen, weil sonst der Wortsinn hinter der Mauer der Buchstaben versteckt bleibt. Ich darf mir nicht die Schriftzeichen anschauen, sondern muss über sie hinwegfliegen. Aber schon nach einigen Minuten beginnt mein Blick, an jedem Buchstaben zu verweilen. Dann wird es still in meinem Kopf, und der Sinn verschwindet. Vielleicht braucht man ein Fahrzeug, mit dem man durch die galphabetischen Landschaften fahren kann. Der Sprachrhythmus könnte zum Beispiel so ein Fahrzeug sein. Es würde mich geschwind über die Wiese tragen, damit die menschenfressenden Kakteen der Buchstaben mich nicht fangen können.

Um den Sprachrhythmus in mir zu verstärken, höre ich gerne Lesungen im Radio. Wie zugänglich dieselbe Sprache auf mich wirkt, wenn sie aus einem Radio fließt! Kaum schalte ich aber das Radio aus und blicke auf eine Buchseite, verstummt die Sprechstimme in mir wieder, die mich als Fahrzeug über den Text transportieren sollte. Mein Blick bleibt bei den einzelnen Buchstaben stehen, als wären sie Gemälde. Wie in einem Museum schleppe ich mich von einem Bild zum nächsten. Die Wörter vergessen ihre Bedeutungen in einer Bildlichkeit, sie verwandeln sich in Farben und Formen.

Der Vergleich mit dem Museum ist leider ein Fehlschlag. Irgendwann bemerkte ich nämlich, dass sich Leser der phonetischen Schrift in einem Museum ganz anders verhalten als ich. Auch Gemälde nehmen sie scheinbar wie eine phonetische Schrift wahr. Das heißt, sie betrachten die Gemälde nicht stumm, sondern übersetzen sie eilig in die gesprochene Sprache. Sie fragen sich ständig: Was sehe ich im Bild? Was ist dort abgebildet? Was ist das Konzept des Künstlers? Die Bilder verwandeln sich in Wörter und bilden Sätze. Ich dagegen stehe oft vor einem Bild und merke, wie die Sprache sich auflöst. Dabei ähnele ich einer Musikerin, die keine Klänge aus ihrem Instrument hervorbringen kann, weil sie die Musiknoten wie Kalligraphie betrachtet.

In meinen ersten zweiundzwanzig Lebensjahren habe ich nur japanische Bücher gelesen. In der Schule las ich zwar auch kurze Texte in Fremdsprachen, aber nie versank ich in die Lektüre eines fremdsprachigen Buches. Japanisch zu lesen bedeutet zuerst, von oben nach unten zu lesen. Ein Sportler, der nur Hochsprung geübt hat, muss andere Muskeln trainieren, wenn er Weitsprung machen will. Aber so schwierig schien es nicht zu sein, zumindest bekam ich keinen Muskelkater um die Augen. Schwierig war, dass man den Text im Kopf als gesprochene Sprache realisieren muss. Während ich japanisch lese, setze ich die Ideogramme nicht in Sprachlaute um. Ich nehme ein Schriftzeichen als Bild wahr und verstehe seine Bedeutung. Die gesprochene Sprache spielt dabei keine Rolle. Es stört mich daher nicht, dass ich manchmal nur die Bedeutung eines Zeichens kenne, aber nicht seine Aussprache. Von Bild zu Bild wandere ich durch den Text, die Silbenschrift bildet dabei kleine Brücken, die die Ideogramme miteinander verbinden.

In Japan wurde der Versuch, moderne Gedichte laut vorzulesen, lange verachtet. In einer Lesung kann man nicht die kunstvolle Zusammenstellung der ausgesuchten Schriftzeichen vermitteln. Die geschriebene Sprache ist außerdem meist differenzierter als die gesprochene Sprache. Das Wort für „Tante" wird zum Beispiel immer „oba" ausgesprochen, aber je nachdem, ob die Tante jünger oder älter ist als der entsprechende Elternteil des Sprechers, schreibt man ein anderes Ideogramm.

Eine gigantische Anzahl von Ideogrammen existiert, bevor wir beginnen zu denken und zu sprechen. In den Gesamtkörper der Ideogramme ist die Kulturgeschichte eingeschrieben.

In der japanischen Sprache werden zwei Schriftsysteme miteinander vermischt: die chinesische Bilderschrift des Ideogramms und die Silbenschrift, die später in Japan entwickelt wurde. Es gibt zwei Arten japanischer Silbenschrift, aber das ist hier nicht wichtig. In der japanischen Kulturgeschichte wird dem Ideogramm ein abstrakter Charakter zugeschrieben, während die Silbenschrift geschmeidig dem Fluss des Gefühls entlang schreiben soll. Viele abstrakte Begriffe, die früher im Japanischen nicht existierten, wurden gemeinsam mit den Schriftzeichen von China nach Japan überliefert. Ein Zeichen wird wie ein Bedeutungspaket geliefert. Zu den verschiedenen Zeiten versuchte man immer aufs Neue, den Inhalt des Paketes zu deuten und zu analysieren, aber man kann es nicht öffnen. Denn das Paket besteht – was bei einem Schriftzeichen immer der Fall ist – nur aus Verpackungspapier und Schnurbändern. Ein Schriftzeichen behält dieselbe Gestalt, auch wenn die Zeiten sich verändern und die Menschen es anders lesen oder deuten. In einem solchen Schriftsystem gewinnt man den Eindruck, die Welt würde aus einer bestimmten Anzahl unauflösbarer Elemente bestehen.

Unmittelbar nach dem Zweiten Weltkrieg wurde diskutiert, ob man das japanische Schriftsystem abschaffen und das Alphabet einführen sollte. Dass das japanische Schriftsystem beibehalten wurde, hat mehrere Gründe. Ein Grund ist sicher, dass man die Tradition des Konfuzianismus nicht schwächen wollte. Das Ideogramm und der Konfuzianismus sind in der Geschichte zusammengewachsen. Man pflegt die Bilderschrift wie Ahnenbilder. Auch in der Volksrepublik China, in der ja alle Begriffe des Kommunismus in Ideogramme übersetzt wurden, pflegt man also gleichzeitig die alte Tradition. Zum Beispiel besteht das Wort, das als Übersetzung für den europäischen Begriff der Revolution verwendet wird, aus zwei Ideogrammen und bedeutet eigentlich, dass der Himmel seinen Willen ändert und dadurch ein Wechsel der Dynastie stattfindet. So leben die traditionellen Vorstellungen im Wort „Revolution" weiter.

Ein Schriftzeichen ist eine seltsame Einheit, die sich nicht auseinandernehmen lässt.

Wenn ich das Bedürfnis habe, in einem Text Wörter wie Vogel, Stein, Fisch oder Baum zu benutzen, so sind diese

Wörter weder als Symbole noch als Metaphern zu verstehen, sondern als Schriftzeichen. Ein Vogel in einem Gedicht ist vergleichbar mit einer ägyptischen Hieroglyphe, die die Form eines Vogels hat. Das Schriftzeichen hat nichts mit einem Vogel zu tun.
Die Hieroglyphen sind deshalb interessant, weil sie deutlich machen, dass die Bildlichkeit der Schrift nichts mit einem konkreten Bild zu tun haben muss. Vielmehr hat sie mit Erinnerungen zu tun. Es gibt einen interessanten Aufsatz von Wolfgang Schenkel mit dem Titel: „Wozu die Ägypter eine Schrift brauchten". Es gebe Versuche, die Entstehung der ägyptischen Hieroglyphe durch den Auftritt eines historischen Bewusstseins, durch wirtschaftliche Gründe oder durch kultische Funktionen zu erklären. Die Hieroglyphen seien zwar auch dafür verwendet worden, aber sie hätten in allen Texten aus der frühen Zeit eine ganz andere Aufgabe: Rechtsansprüche und Forderungen des Toten festzuhalten, wie zum Beispiel die Feststellung der Person, die das Begräbnis besorgte und dadurch als Erbe legitimiert ist. Insofern ähneln die Schriftzeichen den Grabsteinen, die die Lebenden an die Worte des Toten erinnern. Jan Assmann schreibt in dem Sammelband „Schrift und Gedächtnis"[1)], in dem Schenkels Aufsatz enthalten ist, dass man die Grabinschrift als Vorstufe der schriftlichen Literatur im alten Ägypten verstehen kann.

Der Schriftkörper eines Ideogrammes ist nicht rätselhaft, denn er zeigt, was er bedeutet. Ich kann ruhig meinen Blick darauf verweilen lassen. Es besteht keine Gefahr, in Unsinn zu stürzen, auch wenn ein Ideogramm meistens mehrere Bedeutungen hat, die sich im Laufe der Geschichte in ihm versammelt haben. Es kommt auch vor, dass die verschiedenen Bedeutungen eines Schriftzeichens sich gegenseitig widersprechen oder nichts miteinander zu tun zu haben scheinen. Ein Zeichen ist ein Bild, das mehrmals übermalt wurde.

Dagegen ist jeder Buchstabe des Alphabets ein Rätsel. Was will zum Beispiel ein A mir sagen? Je länger ich einen Buchstaben anblicke, desto rätselhafter und lebendiger wird er: lebendig, weil er kein Zeichen ist, das für ein Signifikat steht. Er ist weder ein Abbild noch ein Piktogramm. Man darf ihn nicht anschauen, sondern muss ihn sofort in einen Laut übersetzen und seinen Körper verschwinden lassen. Sonst wird er lebendig, springt aus dem Satz und verwandelt sich in ein Tier. Die Buchstaben des Alphabets sind unfassbare Phantasietiere. Weil sie als Einzelwesen von jeder Bedeutung frei sind, sind sie unberechenbar. Allein durch Kombinationen entstehen Wörter. Während man ein Ideogramm nicht auseinandernehmen kann, kann man jedes alphabetisch geschriebene Wort sofort zerteilen und neu zusammensetzen. Allein durch diese oberflächliche, technische Operation kann man den Sinn eines ganzen Satzes zerstören. Wenn man die Buchstaben anders aneinanderreiht, entsteht ein ganz anderer Sinn. Der Kunst des Anagramms liegt die Magie des Alphabets zugrunde.
Es gibt ein schönes Anagramm-Gedicht von Unica Zürn, an das ich oft denke. Dort ist von einem Verbot des Spiels die Rede, vielleicht dem des Sprachspiels. Der Spaßgeist irrt in einem nassen, dunklen Garten, in dem Buchstaben wie Reiskörner oder Sandkörner herumliegen.
„Das Spielen der Kinder ist streng untersagt.
Satt irrt der Spassgeist in den Dunkelregen,
satt des Kreisens in Polunder. Geigend starrt
er in den Garten. Der Spass litt den Tigerkuss.
Kinder, rettet den Sprung! Sagt leis: Reis, Sand...
Spart die Genien des Sterns! Irrstunde klagt.
Das Spielen der Kinder ist streng untersagt.“[2)]
Es kann gefährlich sein, einen Buchstaben in die Welt zu setzen, denn der Autor oder genauer gesagt der Setzer des Textes kann nicht wissen, was aus ihm wird. Man schreibt ein B, es kann eine Blume daraus werden, aber

auch eine Bombe. So unzuverlässig, unberechenbar und überraschend ist jeder Buchstabe des Alphabets.
Einmal schrieb ich eine Geschichte, die von Baumgeistern handelt. Da alte Bäume gefällt wurden, um die Stadtmauer zu bauen, mussten die Menschen später die Wut der Baumgeister besänftigen. Diese Geschichte sollte in einem meiner Bücher gedruckt werden. Ich bekam die Druckfahnen und fand darin einen „Baumeister" an der Stelle, an der „Baumgeister" sein sollten. Nur ein einziger Buchstabe, das „g", stahl sich aus dem Wort davon, und schon wurde der ganze Text auf den Kopf gestellt. Denn nach dem Bau der Stadtmauer sollte der Baumeister eigentlich nach Hause gehen, um die Geister erscheinen zu lassen, die ein Opfer für die gefällten Bäume verlangten. Stattdessen kam der Meister zurück und verdrängte die Baumgeister. In solchen Druckfehlern wirkt die Unberechenbarkeit der Buchstaben fast unheimlich. Ich unterstelle ihnen sogar manchmal, dass sie eine Absicht haben.
Daher ist das Tippen auf die Alphabet-Tasten des Computers immer von einem Gefühl der Ungewissheit begleitet. Besonders wenn ich mit dem Computer einen japanischen Text verfasse, ähneln meine tippenden Finger Beinen, die von einem Stein zum nächsten springen, um einen Bach zu überqueren. Steine können wackelig sein und umkippen. Der Körper verliert dann das Gleichgewicht und fällt ins Wasser. Wenn ich japanisch schreiben will, gebe ich den Text mit europäischem Alphabet ein, und der Computer setzt ihn in Ideogramme und Silbenschrift um. Mein Programm hat etwa 8500 Ideogramme. Die Umsetzung läuft aber nicht immer richtig. Vor allem trennt der Computer manchmal Komposita anders als ich will. Jedes Mal, wenn ich das Wort „Arbeitsplatz" („shigotoba") schreibe – „shigoto" bedeutet „Arbeit" und „ba" „Platz" –, schreibt der Computer „shigo" („nach dem Tod") und „toba" („Vogelfeder"). Inzwischen erinnere ich mich jedes Mal, wenn ich an einen Arbeitsplatz denke,

an den Ausdruck „Nach dem Tod Vogelfeder". Auch den Begriff des Geheimnisses („kakushigoto") setzt der Computer falsch um, nämlich in „kaku" (schreiben) und „shigoto" (arbeiten). Vielleicht will der Computer mir damit sagen, dass man durch das Schreiben Geheimnisse erzeugt. Denn Schreiben heißt zunächst, Buchstaben zu setzen und damit alphabetische Körper in die Welt zu setzen, ohne an ihre unbeschränkte Verwandlungsfähigkeit zu denken.

Es wäre aber eine Täuschung zu glauben, ich hätte die Ideogramme im Griff. Der Ursprungsmythos über die chinesische Schrift erzählt von Ungewissheit – ja, sogar von Unlesbarkeit. Dort heißt es, dass der Erfinder der ersten Ideogramme von den Fußspuren der Vögel inspiriert wurde. Die ältesten chinesischen Ideogramme, die man gefunden hat, waren in Schildkrötenpanzer oder in Tierknochen eingeritzt. Einerseits erweckt diese alte Schrift – „kookotsumoji" (Panzer-Knochen-Schrift) genannt – bei mir Vertrauen. Denn einige ihrer Zeichen ähneln den Zeichen, die heute verwendet werden. Die Zeichen für „Beine", „Muschel" oder „Schiff" kann ich sogar erkennen. Andererseits muss ich immer wieder an die Fußspuren der Vögel denken. Sie entstammen nicht dem menschlichen Denken .und bleiben für immer unzugänglich.

Risse und Spalten im Allgemeinen erinnern mich an Schriftzeichen. Auf der Oberfläche eines ausgetrockneten Feldwegs, einer Holztür oder einer Ledertasche entdecke ich Buchstaben: H, I, L, F, E usw. Im Unterschied zu den chinesischen Ideogrammen hat das Alphabet den Charakter einer Naturschrift, die darauf wartet, gelesen zu werden. Die Zeichen lassen sich von den Nachkommen Adams lesen, fliehen aber immer wieder aus dem Sinn.

Manchmal betrachte ich meine Hand und versuche, alle Buchstaben des Alphabets auf der Hautoberfläche zu entdecken. Ein Aus-der-Hand-Lesen im wörtlichen Sinn. Es ist einfach, ein I zu finden. Mit einem C ist es etwas

schwieriger, aber das H ist gar kein Problem. Wenn ich älter wäre und meine Hände faltiger, könnte ich dieses Spiel noch leichter zu Ende spielen.
Es wäre lebensgefährlich, einen Körper zu haben, der nur aus dem Alphabet besteht. Er könnte leicht auseinanderfallen. Einmal schrieb ich einen Text, in dem der Gotthard-Tunnel eine wichtige Rolle spielt:
„Plötzlich stieß der Sonnenstrahl durch das Fensterglas hinein: ‚Airolo'. In diesem Namen steht zweimal der Buchstabe ‚O', als wollte der Name die Form der Tunnelausgänge, die ich hinter mir gelassen hatte, nachbilden. Die runden Tunnelausgänge tauchten ab Airolo immer wieder in den Ortsnamen auf: Lavorgo, Giornico, Bodio usw. Ich blickte auf die Karte, um mich zu entscheiden, wo ich hinfahren wollte. Nach Corno oder nach Locarno: Auch in diesen Namen öffnete sich der Buchstabe ‚O' je zweimal. Alle Ortsnamen erinnerten mich nur an die Tunneleingänge, und ich bemerkte, dass ich mir nichts anderes wünschte, als nach Göschenen zurückzufahren."[3)]
Nachdem ich bei einer Lesung diesen Text vorgelesen hatte, wies mich ein Zuhörer darauf hin, dass auch in meinem Autorinnennamen zweimal ein O enthalten sei: Yoko. Das war mir nicht bewusst gewesen. Als ich das hörte, fühlte ich die Macht der Schrift auf meinem Körper, der sich in den Buchstaben O zu verwandeln droht. Zwei Tunneleingänge bohrten sich durch den Text hindurch bis in meinen Körper. In dem Augenblick schrieb ich meinen Namen schnell in Ideogramme um, als wäre das eine neue Selbstverteidigungstechnik: Das Zeichen für „Yo" bedeutet „ein Blatt vom Baum" und „Ko" bedeutet „ein Kind". Als wäre es eine Rettung, dachte ich: Diese zwei Begriffe kann man nicht mit dem Loch eines Tunnels gleichsetzen, denn sie sind mit Bedeutungen gefüllte Ideogramme. Selbst wenn man das Zeichen „Yo" von dem „Ko" trennt, zerfällt der Sinn nicht. Indem ich meinen Körper in Ideogramme verwandle, entziehe ich mich der

Gefahr, als Alphabet auseinandergenommen zu werden. Die Buchstaben kann man nicht übersetzen. Es ist eigentlich nicht der Text, den man nie übersetzen kann, sondern die Schrift. Wenn ich einen Text sinngemäß übersetzen will, entferne ich mich zuerst von den Buchstabenkörpern. Ich lese deutsche Sätze laut vor, übersetze den gesprochenen Inhalt in Denkbilder und versuche dann, diese Bilder auf Japanisch zu beschreiben. Das ist eine kommunikative Übersetzung, aber keine literarische. Eine literarische Übersetzung muss obsessiv der Wörtlichkeit nachgehen, bis die Sprache der Übersetzung die konventionelle Ästhetik sprengt. Eine literarische Übersetzung muss von der Unübersetzbarkeit ausgehen und mit ihr umgehen, statt sie zu beseitigen.
Es ist einfach, eine Übersetzung zu kritisieren. Besonders bei modernen Gedichten sprechen gebildete und eingebildete Leser gerne über die mangelhafte Leistung der Übersetzer. Dabei wird oft übersehen, wie die Übersetzung mit der Unübersetzbarkeit umgeht. Eine interessante Verschiebung, eine erfrischende Entstellung oder eine wahnhafte Verrückung in die eigene Sprache ist doch eher eine Leistung der Übersetzung.
Andererseits ist es genauso einfach, eine Übersetzung zu loben. Triviale Münder loben sie, wenn die Sprache der Übersetzung natürlich klingt: Die Übersetzung lasse den Leser vergessen, dass sie Übersetzung sei. Dieses Lob zeugt von einer verdrehten Logik. Man sagt doch auch nicht: Diese Literatur ist gut, weil man fast vergisst, dass es Literatur ist.
Für mich besteht der Reiz einer Übersetzung darin, dass sie den Leser die Existenz einer ganz anderen Sprache spüren lässt. Die Sprache der Übersetzung tastet die Oberfläche des Textes vorsichtig ab, ohne sich von seinem Kern abhängig zu machen.
Es gibt sogar Texte, die wie Übersetzungen wirken, obwohl sie keine sind. Kleist schrieb manchmal solche Texte, auch

Kafka. Diese Autoren besaßen die Fähigkeit, eine Übersetzung ohne Original zu schreiben. Als ich den folgenden Satz von Kleist zum ersten Mal las, überlegte ich, ob er nicht eine Übersetzung aus einer Geheimsprache wäre.

„Herzog Wilhelm von Breysach, der, seit seiner heimlichen Verbindung mit einer Gräfin namens Katharina von Heersbruck, aus dem Hause Alt-Hüningen, die unter seinem Range zu sein schien, mit seinem Halbbruder, dem Grafen Jakob dem Rotbart, in Feindschaft lebte, kam gegen das Ende des vierzehnten Jahrhunderts, da die Nacht des heiligen Remigius zu dämmern begann, von einer in Worms mit dem deutschen Kaiser abgehaltenen Zusammenkunft zurück, worin er sich von diesem Herrn, in Ermangelung ehelicher Kinder, die ihm gestorben waren, die Legitimation eines mit seiner Gemahlin vor der Ehe erzeugten natürlichen Sohnes, des Grafen Philipp von Hüningen, ausgewirkt hatte."[4]

Ich musste mir eine fiktive Originalsprache ausdenken, die eine unendliche Anzahl eingeschachtelter Nebensätze erlaubt. Wie bei einer russischen Puppe könnte man einen Satz in einen anderen Satz hineinschieben, und in diesen dann einen weiteren, kleineren Satz. In einer solchen Sprache könnte man nicht wie auf einem Weg vorwärtslaufen, sondern der Leser müsste die Puppe öffnen, eine kleinere Puppe herausholen und diese dann wieder öffnen, um eine noch kleinere herauszuholen. Irgendwann hielte man die kleinste Puppe in der Hand, weiß aber nicht mehr, wie die größte aussah. Dann muss man umgekehrt die kleinere Puppe in die nächstgrößte hineintun, bis wieder alles in der größten Puppe ist. Eigentlich ist es aber noch komplizierter. Denn der „Herzog Wilhelm von Breysach", grammatikalisch gesehen die größte Puppe, hat nicht nur eine, sondern zwei kleinere Puppen in sich: die Gräfin und den Halbbruder. Seitdem der Herzog mit der Gräfin eine heimliche Beziehung hat, lebt er mit dem Halbbruder in Feindschaft. Gemäß der deutschen grammatikalischen Hierarchie ist die Gräfin dem Halbbruder untergeordnet, denn sie lebt in einem Nebensatz, der wiederum in einen Relativsatz eingefügt ist. Ihre Existenz dient nur der zeitlichen Angabe, seit wann der Herzog mit seinem Halbbruder in Feindschaft lebt. Andererseits wird die Gräfin vor dem Halbbruder erwähnt. Sie ist auch stärker als er, denn sie setzt ihren Sohn durch den langen Satz durch. Außerdem ist seltsam, dass sowohl die Beschreibung der Verbindung zwischen der Gräfin und dem Herzog als auch die seiner Feindschaft mit dem Halbbruder von derselben Präposition „mit" eingeleitet wird. Auch der Rede von der Erzeugung des Kindes geht die Präposition „mit" voraus. Dieser lange Satz kommt mir vor, als hätte jemand versucht, einen Baum mit vielen Ästen mit einem Pinselstrich zu zeichnen. Es ist schon schwierig, einen einfachen Stammbaum sprachlich wiederzugeben. Man kann das nur dann, wenn man die Mütter nicht erwähnt, indem man zum Beispiel sagt: „Abraham zeugte Isaak. Isaak zeugte Jakob. Jakob zeugte Juda und seine Brüder". Wenn aber außerdem noch heimliche oder fiktive außereheliche Liebesbeziehungen erzählt werden sollten, kann man die Geschichten kaum noch in eine lineare Erzählform transformieren. Durch die Unmöglichkeit einer Übertragung entstehen überall im Text produktive Lücken.

Ein kurzer Prosatext von Kafka, „Zerstreutes Hinausschaun", hat mich sofort an eine Übersetzung aus dem Altjapanischen erinnert. Ich wusste lange nicht, woran das lag.

„Was werden wir in diesen Frühlingstagen tun, die jetzt rasch kommen? Heute früh war der Himmel grau, geht man aber jetzt zum Fenster, so ist man überrascht und lehnt die Wange an die Klinke des Fensters.

Unten sieht man das Licht der freilich schon sinkenden Sonne auf dem Gesicht des kindlichen Mädchens, das so geht und sich umschaut, und zugleich sieht man den

Schatten des Mannes darauf, der hinter ihm rascher kommt. Dann ist der Mann schon vorübergegangen und das Gesicht des Kindes ist ganz hell."[5]
Mein Blick wanderte von einem Wort zu einem anderen, wie ich in einem Museum von einem Bild zum nächsten wandere: der „Frühling", „rasch", die „Sonne", „umschauen", der „Schatten", das „Gesicht" und „hell". Auf einmal wurde mir klar, warum der Text mir wie eine Übersetzung aus einem anderen Schriftsystem vorkam: Die Begriffe „Frühling", „rasch", die „Sonne", „umschauen", der „Schatten", das „Gesicht" und „hell" tragen, wenn man sie in chinesischen Ideogrammen schreibt, alle das Zeichen für die „Sonne" in sich. In dieser Aufzählung der Zeichen wird mir zum ersten Mal bewusst, dass inmitten des Zeichens für das Gesicht („omo", „omote" „men" oder „tsura" ausgesprochen) das Zeichen für die Sonne zu sehen ist. Man sieht das Licht der Sonne auf dem Gesicht des Mädchens. Ich meine keineswegs, dass Kafka dieses Ideogramm gekannt hat. Vielmehr vermute ich, dass ein literarischer Text später seinen Originaltext finden kann, aus dem er übersetzt worden sein könnte. Meistens existieren mehrere Originaltexte, die gefunden und erfunden werden können.
Auch der Käfer in Kafkas „Verwandlung" kann die Übersetzung eines Schriftzeichens sein, vielleicht die einer gewissen ägyptischen Hieroglyphe, die die Form eines Käfers hat.
Es gibt eine beliebte Frage zur Sprache im Traum: „In welcher Sprache träumen Sie?" Es ist aber nichts Besonderes, wenn man im Traum eine fremde Sprache spricht. Die gesprochene Sprache kann schnell in den Mund hineinschlüpfen und wieder aus ihm herausspringen. Man muss sich eine Sprache nicht einverleiben, um sie in einem Traum verwenden zu können. Die Schrift hingegen braucht lange, bis sie im Körper sitzt. Sie sitzt tiefer, fast unlesbar. Einmal sah ich in einem Traum Menschen, die

je zwei Punkte auf der Stirn hatten. Das waren sicher die Punkte für die Umlaute, denn ich wusste im Traum sofort, dass ich mich in Deutschland befand. In der japanischen Silbenschrift gibt es auch zwei Punkte. Sie liegen aber auf der Schulter des Buchstabens und nicht über seinen Augen. Es gibt auch Landschaften, die in meinen Träumen immer wiederkehren. Eine hügelige Trümmerlandschaft zum Beispiel, über die ich in vielen Träumen laufen musste. Es war meistens heiß dort, und ich hatte viele Sorgen. Kummer und Trümmer kommen immer im Sommer. Diese Wörter haben in der Mitte eine Reihe runder Hügel, die aus zwei „m" bestehen. So sind zum Beispiel Träume beschaffen, die ich auf Deutsch geträumt habe. Daher würde ich die gern an eine träumende Fremde gestellte Frage nach der Sprache in Traum anders formulieren. Meine Frage würde lauten: „In welcher Schrift träumen Sie?"

E-MAIL FÜR JAPANISCHE GESPENSTER

Während ich schreibe, setze ich Buchstaben. Es hört sich etwas seltsam an, aber Buchstaben zu schreiben ist eine andere Tätigkeit als einen Text zu schreiben. Deshalb benutzte ich das Wort „setzen", obwohl ich keine Schriftsetzerin bin. Man setzt Buchstaben aufs Papier, damit ein Platz für die Entstehung des Textes geschaffen wird. Ähnlich verhält es sich mit dem Fußboden und der Meditation. Der Fußboden hat nichts mit der Meditation zu tun, aber es wäre schwierig zu meditieren, wenn es keinen Boden gäbe, auf dem man sitzen kann.

Buchstaben sehen manchmal nicht aus wie der stabile Fußboden, sondern eher wie Hindernisse, die mir im Wege stehen. Indem ich weiterschreibe, setze ich noch mehr

Hindernisse. Ein unvermeidlicher Widerspruch: Ich setze Buchstaben, während ich schreibe.

WARTE, WARTE NOCH EIN WEILCHEN

Setzt man sie aber wirklich, während man schreibt? Mir kommt es vor, als würde ich sie zuerst aufs Papier setzen, damit ich überhaupt beginnen kann zu schreiben. Das heißt, ich weiß noch nicht genau, was ich schreiben will, aber beginne schon mit dem Text, indem ich Buchstaben setze. Manchmal ist es aber auch umgekehrt: Ich befinde mich schon längst im Zustand des Schreibens und setze nachträglich Buchstaben.

Es ist nicht leicht, in den Zustand des Schreibens einzutreten. Der gleiche Versuch wiederholt sich jeden Morgen. Zuerst muss ich ein Räucherstäbchen anzünden. Mit Hilfe dieses Geruchs soll die Schreibzeit, die durch einen Schlaf unterbrochen wurde, fortgesetzt werden. Der Matetee muss schon auf dem Schreibtisch stehen. Denn die Bezeichnung für das südamerikanische Stechpalmengewächs „Mate" erinnert mich an das japanische Wort „mate" („Warte!"). Jeder kleine Akt vor dem Schreiben wirkt wie eine rote Ampel, die mir sagt: „Warte! Es ist noch nicht so weit!" Das obere linke Fenster des Schreibzimmers muss noch geöffnet werden. Dann muss ich mich hinsetzen, Schreibzeug sortieren und zweimal in die Hände klatschen: Ritualisierte Handlungen, die mich vor dem Schreiben aufhalten, sind anscheinend doch notwendig, um vom alltäglichen Zustand in einen anderen Zustand – nämlich in den Zustand des Schreibens – überzugehen. Das Setzen der Buchstaben kann schließlich auch ein Ritual sein, durch das der Zustand des Schreibens erreicht werden soll.

WIE EINE TEEZEREMONIE

Buchstaben sitzen auch im Kopf eines Menschen. Schließe ich die Augen, sehe ich bald auf der Rückseite der Augenlider die vagen Schatten der Schriftzeichen. Bei längerer

Betrachtung stelle ich fest, dass sie alle japanische Schriftzeichen – Ideogramme und Silbenschrift – sind. Wo bleibt aber das Alphabet? Es ist merkwürdig, dass das Alphabet nicht auf meiner inneren Leinwand zu sehen ist, obwohl ich meistens in der deutschen Sprache denke. Seitdem ich auf Deutsch denke, denke ich in Dialogform. Es wird dort geredet, diskutiert, argumentiert, gefragt, geantwortet oder protestiert. Dabei stelle ich mir keinen einzigen Buchstaben bildlich vor.
Das Alphabet ist für mich gegenständlich und befindet sich außerhalb meines Körpers. Daher kommt mir das Schreiben auf Deutsch oft vor wie eine Teezeremonie mit dreißig kleinen Gegenständen. Es gibt eine Teedose „D", eine Teeschale „U", einen Kessel „K", eine Feuerzange „Y", einen Löffel „L" usw. Man muss sie nach einer vorbestimmten Reihenfolge in die Hand nehmen. Es ist auch festgelegt, an welcher Stelle eine Pause gemacht werden muss.

VON PINSEL UND PC

Buchstaben beeinflussen Gedanken. Durch das Aufschreiben fließen ganz andere Elemente in den Text ein als das, was man nur im Kopf denkt. Solange ich im Kopf mit meinem zweiten Ich rede, bleibt die Sprache kommunikativ, logisch und eindeutig. Wenn ich aber Buchstaben aufschreibe, verwandeln sie sich zum Teil in unverständliche, geisterhafte oder traumähnliche Figuren. Sie zerstören den Ablauf der Argumentation, stellen die Thesen auf den Kopf und bringen so viele Bilder hinein, dass das Thema nicht mehr erkennbar wird. Als Autor sollte man diese Geister vernichten, um den Text zu Ende zu bringen. Es ist nicht schwer, Buchstaben auf dem Bildschirm zum Verschwinden zu bringen. Aber welche Buchstaben sind störende Geister, und welche sind Bausteine für den Text? Man kann sie kaum auseinanderhalten. Genauer gesagt scheint jedes Zeichen gleichzeitig beides zu sein. Solche, die meine Gedanken anständig begleiten und transpor-

tieren, können sich plötzlich in Geister verwandeln. Dann entgleise ich aus der noch nicht festen Schiene des Textes und falle in den türkisen Ozean des Bildschirmes.
Die Buchstaben im Bildschirm sind einerseits leicht zu löschen, andererseits ist man nie sicher, ob sie wirklich verschwunden sind oder ob sie sich nur im Meer versteckt haben und unerwartet wieder auftauchen könnten. Diese Unsicherheit gibt es beim Löschen mit TippEx oder dem Radiergummi nicht, weil die Spur der Korrektur mehr oder weniger sichtbar bleibt. Das TippEx hinterlässt einen Schneehügel. Was den Radiergummi betrifft, erinnert die Spur des Bleistiftes an eine alte Naht auf der Haut: Sie glänzt, wenn sie von der Seite beleuchtet wird. Diese Spuren waren aber für meinen Großvater, der immer mit dem Pinsel schrieb, nicht deutlich genug. Was einmal geschrieben sei, solle man nicht tilgen, sagte er. Wenn er sich verschrieb, strich er das Wort durch und schrieb ein neues daneben. Er schrieb mit Pinsel und Tusche, sodass das Schreiben automatisch einen rituellen Charakter bekam. Zuerst muss man mit einer winzigen Kanne in die Vertiefung des Tuschreibsteins etwas Wasser geben. Dann reibt man darin ein Stück Tusche so lange, bis das Wasser dunkelschwarz wird. Es dauert eine Weile. Man taucht dann den Pinsel vorsichtig in die Tusche ein. Für jedes Schriftzeichen ist die Reihenfolge, nach der die Striche gezogen werden müssen, festgelegt.
Die Buchstaben auf dem Bildschirm wirken auf mich gespenstischer als eine Pinselschrift auf Papier, denn sie sind da und doch nicht da. Sie sind nur Schatten auf der Oberfläche des elektronischen Wassers oder Erinnerungen an Gegenstände, die einmal im Wasser verlorengegangen sind. Sie haben kein Gewicht und können jetzt hier sein und im nächsten Moment an einem entfernten Ort in einem anderen Computer erscheinen, so wie Geister es können.

BUCHSTABEN- UND ANDERE GESPENSTER

Es gibt zahllose Erscheinungsformen der Geister, die man in Japan normalerweise in drei Gruppen einteilt: Die erste Gruppe ist die der „Yôkai", der Gespenster, die außergewöhnliche Gestalten besitzen. Zu der zweiten Gruppe gehören „Henge", Gespenster, die sich verwandelt haben. Und die dritte Gruppe der „Yûrei" besteht aus den Seelen der Toten und der Lebenden, die sich von ihrem Körper gelöst haben. Diese Yûrei erscheinen gezielt vor bestimmten Menschen – oft mit einer Botschaft –, während die Yôkai und die Henge an bestimmte Orte gebunden sind.

Es gibt nicht nur traditionelle Geister, sondern immer wieder neue. Die Computergeister kenne ich erst seit zwei Jahren. Damals kaufte ich mir einen Computer, mit dem man nicht nur Deutsch, sondern auch japanische Texte mit ungefähr 8500 Schriftzeichen schreiben kann. Der Techniker, der mir damals das Gerät verkaufte, erzählte mir vom „Buchstabengespenst". Mit dem Programm könne man sich grundsätzlich ohne Problem zwischen zwei Schriftsystemen bewegen, nur manchmal in bestimmten Bereichen verwandeln sich einige Buchstaben des Alphabets plötzlich in japanische. Das Phänomen bezeichne man als Buchstabengespenster.

Als ich zum ersten Mal mit eigenen Augen diese Gespenster sah, waren sie mir unheimlich. Damals verwandelten sich plötzlich deutsche Umlaute in Kombination mit „f" oder „ch" in Ideogramme. Jubeln, Peinigen und Niesen bedeuteten diese Schriftzeichen, die mitten in meinem Text auftauchten. Es war, als wollten die kleinen Gespenster, die unter der Textoberfläche leben, mich peinigen und dabei jubeln. Wenn unter jedem deutschen Text, den ich schreibe, zahllose ideographische Gespenster leben würden, die durch irgendeinen Anlass auf der Oberfläche erscheinen könnten. – Diese Vorstellung beunruhigte mich, bis ich auf die Idee kam, dass die Gespenster eventuell Bilder, Rhythmus und Bewegungsarten verkörperten, die

ich – um einen verständlichen deutschen Text zu schreiben – unterdrücken musste.
Jeder Buchstabe ist wie der Rücken einer Person. Er kann sich jederzeit umdrehen. Ein Autor, der glaubt, sein eigener Text müsste ihm bis zum letzten Buchstaben vertraut sein, täuscht sich: Wenn ein Buchstabe sich umdreht, wird ein fremdes Gesicht sichtbar.
Ich erinnerte mich an eine Gespenstergeschichte, in der ein junger Mann nachts auf einem einsamen Weg einer Frau begegnet, die weder Augen noch Nase noch Mund hat. Erschrocken läuft er weg und kommt an einem Imbissstand vorbei, in dem ein alter Mann ihm den Rücken zugewandt Nudelsuppe kocht. Der junge Mann erzählt ihm von seinem schauderhaften Erlebnis. Der alte Mann dreht sich daraufhin um und fragt, ob die Frau so ausgesehen habe wie er: Sein Gesicht sieht genauso aus wie das der Frau – wie ein unbeschriebenes Blatt Papier.

EIN TOTER ARZT IM BILDSCHIRM

Der Computer ist ein gespensterfreundlicher Platz. Wenn man Japanisch mit dem Computer schreiben will, muss man den Text entweder mit japanischer Silbenschrift oder in der Umschrift mit europäischem Alphabet eingeben. Der Computer setzt ihn dann in Ideogramme um. Ein normaler Computer kann nicht 8500 Tasten haben, sodass man sie nicht direkt tippen kann. Die Umsetzung läuft aber nicht immer richtig. Vor allem trennt der Computer manchmal Komposita anders, als ich will. Jedes Mal, wenn ich das Wort „Schlafwagen" („shindaisha") schreibe – „shin" bedeutet „Schlafen", „dai" „Liegeplatz" und „sha" „Wagen" –, schreibt der Computer „shinda" („toter") und „isha" („Arzt"). Plötzlich liegt ein toter Arzt im Bildschirm, der noch begraben werden muss. Wenn man aber jeden Toten, der durch Programmfehler entsteht, im Bildschirm begraben würde, würde er bald einem Friedhof ähneln, an dem man nachts nicht gerne vorbeigeht. Da erinnerte

ich mich an einen Traum, den ich schon längst vergessen hatte: Ich lag im Bett eines Schlafwagens, und unter mir lag ein Mann. Obwohl ich ihn nicht sehen konnte, wusste ich, dass er tot war und einen weißen Kittel anhatte. So kann man durch das Tippen auf die Computertasten einen vergessenen Traum ins Gedächtnis zurückrufen.
Ein anderes Wort, das mein Computer immer in falsche Ideogramme umsetzt, ist der „Literaturpreis", („bungakusho"). Anstatt die „Literatur" („bungaku") und den „Preis" („sho") zu schreiben, schreibt er immer „bun", „ga" und „kusho", daraus ergibt sich ein ganzer Satz, der bedeutet: „Die Sätze lächeln bitter." Sicher lächelt der Computer bitter über bestimmte Literaturpreise. Die Geister sind also nicht nur wunderbare Missgestalten, sondern auch verdrängte Gedanken. Mit solchen Einfällen verwirren mich die Buchstabengespenster, während ich schreibe. Sie bewegen sich ständig auf der Textoberfläche, verziehen ihre Mienen, schneiden Grimassen oder lachen laut auf. Der schreibende Mensch muss souverän vor dem Computer-Hausaltar sitzenbleiben, sich von der eigenen Emotion befreien und weiter unheimliche Buchstaben setzen. Ein Ritual muss zu Ende geführt werden.

DIE DRITTE VORLESUNG

Gesicht eines Fisches oder das Problem der Verwandlung

Wo beginnt das Gesicht eines Fisches und wo endet es? Diese Frage fiel mir ein, als ich in der Nähe der Lofoten in einem Fischerboot stand. Ein Fisch, der fast so groß war wie eine Nähmaschine, wurde gerade aus dem Wasser geholt. Ich sah seine starren Augen. Das Maul, die Kiemen und der mit nassglänzenden Schuppen bedeckte Seitenbauch atmeten schwer, unregelmäßig und wütend. Der ganze Körper des Fisches zeigte ein Gesicht. Das Wort „Gesicht" soll der Definition eines Wörterbuches zufolge „die durch Augen, Nase und Mund geprägte Vorderseite des menschlichen Kopfes vom Kinn bis zum Haaransatz" bedeuten. Wo ist aber die Vorderseite des Fischkopfes, fragte ich mich. Ein Fisch hat ein Gesicht, aber keine Vorderseite.

Ich war beim Lesen der Definition im Wörterbuch darüber überrascht, dass ausdrücklich von einem „menschlichen" Kopf die Rede war. Die Frage nach dem Gesicht eines Fisches war falsch gestellt, wenn das deutsche Wort „Gesicht" nur in Bezug auf den Menschen benutzt werden kann. Ich hatte zwar schon gelernt, dass der Mund eines Hundes Maul heißt oder dass das Wort „wohnen" nicht für Tiere verwendet werden kann, aber ich wäre nie darauf gekommen, dass ein Fisch kein Gesicht haben könnte.

Das Gesicht muss eigentlich aber etwas anderes sein als ein Teil des Körpers. Dieser Eindruck wurde verstärkt, als ich folgende Textpassage von Walter Benjamin las. Es geht darin um Kinder, die leidenschaftlich verschiedene Gegenstände sammeln.

„Unordentliches Kind. Jeder Stein, den es findet, jede gepflückte Blume und jeder gefangene Schmetterling ist ihm schon Anfang einer Sammlung, und alles, was es überhaupt besitzt, macht ihm eine einzige Sammlung aus. An ihm zeigt diese Leidenschaft ihr wahres Gesicht, den strengen indianischen Blick, der in den Antiquaren, Forschern, Büchernarren nur noch getrübt und manisch weiterbrennt. Kaum tritt es ins Leben, so ist es Jäger. Es jagt die Geister, deren Spur es in den Dingen wittert; zwischen Geistern und Dingen verstreichen ihm Jahre, in denen sein Gesichtsfeld frei von Menschen bleibt. Es geht ihm wie in Träumen: es kennt nichts Bleibendes; alles geschieht ihm, meint es, begegnet ihm, stößt ihm zu. Seine Nomadenjahre sind Stunden im Traumwald."[1)]

Hier wird nicht etwa gesagt, dass das Gesicht eines Sammlers seine Leidenschaft ausdrücken würde, sondern umgekehrt zeigt die Leidenschaft an dem Sammler ihr Gesicht. Dabei fungiert der menschliche Körper als Medium, durch das die Leidenschaft überhaupt sichtbar werden kann. Ein Gesichtsfeld, das frei von Menschen bleibt, kann wie eine Leinwand Bilder empfangen und zeigen. So kam ich zu einer neuen Definition des Gesichtes: Ein Gesicht ist etwas, das sichtbar geworden ist.

So wie die Leidenschaft ein Gesicht besitzt, hat auch eine Stadt ein oder mehrere Gesichter. Walter Benjamin liest solche Gesichter: Gesichter, die ein Gefühl annimmt, Gesichter einer Stadt oder eines Gegenstandes. Anscheinend zeigen sich die Gesichter nicht von sich aus, sondern erscheinen erst, wenn sie gelesen werden. Es gibt Menschen, die sich wie besessen damit beschäftigen, bestimmte Gegenstände zu sammeln und deren Gesichter zu lesen. Eine solche Person, nämlich einen leidenschaftlichen Puppensammler, hat Benjamin als Physiognomiker der Dingwelt bezeichnet. Wenn Beniamin von Physiognomie spricht, betrachtet er die Gesichter nicht als Ausdruck einer „inneren Wahrheit“ einer Person, so wie es etwa Johann Caspar beschreibt (sieht), dessen Arbeiten die noch immer gängige Vorstellungen von Physiognomie stark prägen. In Lavaters Physiognomie werden Gesichter typisiert und klassifiziert, um den Besitzer des Gesichtes moralisch bewerten zu können. Die Verwandelbarkeit eines Körpers wird in dieser Konzeption selbstverständlich verneint. Nach Lavaters Physiognomie ist es auch undenkbar, dass ein Gesicht stets etwas Fremdes widerspiegelt.

Wenn Benjamin von Physiognomie spricht, bezieht er sich auf eine ganz andere Wahrnehmung. Als Physiognomiker liest Benjamin Gesichter von Gegenständen, Traumbildern oder auch Architektur als mehrdeutige Texte. Indem er diese beschreibt, verwandelt sich die Dingwelt in literarische Texte.

In einem als Rundfunksendung für Kinder und Jugendliche konzipierten Beitrag bezeichnet Benjamin E.T.A. Hoffmann als Physiognomiker, der die dämonischen Gesichter der Stadt Berlin gelesen und sie auch im Ausland bekannt gemacht habe.

„Wie vielen großen Dichtern ist es ihm (Hoffmann, Y.T.) so ergangen, dass er das Außerordentliche nicht irgendwo frei im Raume schwebend, sondern an ganz bestimmten Menschen, Dingen, Häusern, Gegenständen, Straßen usw. gesehen hat. Wie ihr vielleicht gehört habt, nennt man Leute, die anderen Menschen am Gesicht, oder am Gang, oder an den Händen, oder an der Kopfform ihren Charakter oder ihren Beruf oder ihr Schicksal ansehen, Physiognomiker. So war Hoffmann weniger ein Seher als ein Anseher. Das ist nämlich die deutsche Übersetzung von Physiognomiker.“[2]

Die Gespenster, Geister oder Dämonen, die in Hoffmanns Literatur auftauchen, sind Verkörperungen der dämonischen Züge in den Gesichtern der Stadt.
Ein Gesicht, ein Geräusch, ein Geruch, ein Geschmack, ein Gefühl. Seltsam erschienen mir schon immer die deutschen Wörter, die sinnliche Wahrnehmungen bezeichnen. Das Gehör ist die Fähigkeit zu hören, während mit dem Geruch nicht etwa die Fähigkeit zu riechen, sondern der gerochene Duft gemeint ist. Was bedeutet der Satz „Ich rieche"? Kommt der Geruch von mir oder empfange ich den Geruch? Genauso zweideutig verhält es sich mit dem Geschmack. Ich schmecke. Schmecke ich einen Geschmack oder schmecke ich einem Raubtier? Wenn das Gerochene der Geruch heißt und das Geschmeckte der Geschmack, könnte das Gesehene das „Gesicht" heißen. Das, was ich an den anderen Menschen sehe, bezeichne ich als Gesicht. Es geht beim Gesicht also nicht um einen anatomisch fixierbaren Körperteil, denn man kann ein Gesicht auch auf einer Hand sehen oder in einer Handschrift oder in einer Kopfbewegung.
Gesichter sind überall, dennoch kann man ein Gesicht oft gar nicht erkennen. Es ist zum Beispiel schwer, das Gesicht des Gesprächspartners wirklich zu ‚sehen'. In seinen Augen sehe ich meinen eigenen Gesichtsausdruck widergespiegelt: meine Unruhe, Schüchternheit, Trotzigkeit, Unlust, Menschenscheu usw. Bei diesem Anblick überkommt mich eine Peinlichkeit, wie man sie beim Hören der eigenen Stimme aus einem Tonband empfindet, und ich muss sofort wegschauen. Es ist deshalb unerträglich, in die Augen des Gesprächspartners zu sehen. Am liebsten möchte ich in einer solchen Situation die Augen schließen und nur die Bilder, die durch Wörter und Atem sichtbar werden, wahrnehmen, so wie man ein Hörspiel hört.
Es gibt auch Menschen, bei denen an der Schulter, auf der Brust, zwischen den Fingern oder auch auf dem

Bauch Gesichter erscheinen. Diese Gesichter drücken für mich deutlich etwas aus, weil sie – im Unterschied zu den Augen – nicht mich selbst widerspiegeln.

Hat die Stimme ein Gesicht? Bei dieser Frage fällt mir eine Verwandlungsgeschichte aus den ‚Metamorphosen' von Ovid ein, in der Echo von Narziss abgelehnt wird und sich in eine Stimme verwandelt. Interessant ist, dass Echo schon vor der Verwandlung als ein unsichtbares Wesen dargestellt wird. Sie hätte durch den Blick eines Geliebten eine sichtbare Gestalt bekommen können. Stattdessen wird sie von diesem abgelehnt und körperlos. Es geht bei der Verwandlung Echos nicht um eine körperliche Veränderung, sondern eher um die Entstehung der Bedeutung von Echo, wie wir sie heute verwenden. Sie verwandelt sich in einen Begriff und wird auf diese Weise körperlos. In der Geschichte überlebt Echo als eine Stimme. Dagegen verliert Narziss, der sich in sein Spiegelbild verliebt hat, seine Stimme. Beide Figuren haben mit dem Identischen zu tun: Echo ist eine Stimme, die nur das, was eine andere Stimme gesagt hat, wiederholen kann. Und Narziss begehrt das Spiegelbild, das die Wiederholung seines eigenen Körpers ist. Er klagt über die Ausweglosigkeit dieses Eigensinns: „Könnte ich mich doch von meinem Körper lösen! Ein neuartiger Wunsch bei einem Liebenden: Ich wollte, der Gegenstand meiner Liebe wäre nicht bei mir."[3] Echo gelingt es, eine kleine Verschiebung in die Wiederholung einzufügen und so den Sinn zu verändern. Als Narziss zu ihr zum Beispiel sagt: „Eher will ich sterben als dir gehören", wiederholt Echo wie immer den letzten Teil des Satzes: „dir gehören". Die Bedeutung der Aussage wird dadurch aber umgedreht. Auf diese Weise kann Echo sich artikulieren, während Narziss sich in eine stumme Blume verwandelt.

Als ich inmitten des Wortes „Gesicht" das Wort „ich" entdeckte, kam ich auf die Idee, dass das Gesicht die Perfektform des Verbs „ich" sein könnte: „Ich habe es gesicht." Was könnte dieser Satz bedeuten? Was mein Gesicht betrifft, habe ich noch nichts vollzogen, was ich in der Perfektform erzählen könnte. Ich habe mein Gesicht noch nicht fertig geschrieben. Vor allem habe ich mein Gesicht noch nicht einmal gesehen, sondern nur sein Spiegelbild. Bei diesen Gedanken schrieb ich den folgenden Text:

„Seitdem ich auf dieser Welt geboren bin, habe ich niemals mein Gesicht von außen gesehen. Kein Spiegel zeigt mir, wie ich im Gespräch mit einer anderen Person aussehe. Oft sehe ich im Gesicht der anderen rätselhafte Züge. Sie faszinieren mich, und ich spiegele sie auf meinem Gesicht wider. Mein Gesicht ist ein Skizzenbuch. Die Person, die mit mir spricht, entdeckt in meinem Gesicht Zeichnungen der eigenen Gesichtszüge und steigt in sie ein, so wie man in einen Fernzug steigt. Ich weiß nicht, wie ich von außen aussehe. Von innen aber habe ich mein Gesicht schon oft gesehen: eine schattige Landschaft mit einem sumpfigen Wald und zwei gefrorenen Seen. Außerdem gibt es dort eine Tropfsteinhöhle und zwei Tunnel mit Muscheln im Netz. Ich trete in diese Landschaft ein und verlaufe mich.

Ich kann das Gesicht jener Frau nicht von innen sehen. So werde ich zu einem Wind und streichele die Oberfläche ihres Gesichtes. Ihr Gesicht ist eine menschenlose Landschaft. Der Wind liest die Blindenschrift, die auf dem Feld geschrieben ist. In dem Moment werden zwei Seen auf dem Feld sichtbar. Tasten ist Sehen ohne Distanz. Wenn es weht, rauschen blonde Gräser und graublaues Wasser. In der Tropfsteinhöhle, aus der der blinde Wind bläst, lebt ein nacktes Ungeheuer mit rötlicher, feuchter Haut. Der Boden ist klebrig nass und glänzt blutrot. Der Unterleib des Ungeheuers ist an dem Boden festgewachsen. Es knurrt nicht, heult nicht, spricht nicht. Wenn das Tier sich aber bewegt, entsteht ein stöhnender Wind. Er fliegt aus der Höhle heraus und verwandelt sich in Wörter.

Ein blinder Wind entsteht in einer Landschaft und bewegt sich in eine andere. Dann kehrt er zurück oder zieht weiter in eine dritte Landschaft. Der Wind gehört keinem Ort. Es wird auf einmal still, und dann weht es wieder. Ist dieser Wind ein anderer als der letzte? Wie kann man Luftzüge auseinanderhalten? Hat ein Wind ein Gesicht? Ich sehe das Gesicht des Windes, wenn das Wasser Lachfalten zeigt oder Grimassen schneidet. Ich sehe sein Gesicht, wenn das letzte Blatt am Baum mit dem Kopf schüttelt. Das Gesicht des Windes ist das, was er in Bewegung setzt."[4)]

Es wird in Deutschland meistens negativ bewertet, wenn man mehrere Gesichter hat. In den christlichen Gemälden haben nur die Gestalten, die das Böse verkörpern, mehrere Gesichter. Zum Beispiel sehe ich auf einem Bild aus dem 15. Jahrhundert, „Weltgericht" von Stefan Lochner[5)], ein grünliches Wesen, das auf den Schultern, auf dem Bauch und auf den Knien je ein Gesicht hat. Seine Arme ähneln Drachenbeinen, aus seinem Kopf wachsen die Ohren eines Teufels, und aus seinem Maul streckt sich die Zunge eines Hundes. Das Wesen versucht, mit seinen Krallen noch im letzten Moment nackte Menschen, die in Richtung des Himmelstors gehen wollen, zu fangen und zu sich zu zerren. Man sieht auf der linken Hälfte des Bildes einige Engel, die die glücklich strahlenden Menschen zum Himmelstor geleiten. Die Engel haben alle nur ein Gesicht. Erstaunlicherweise habe ich noch nie ein Bild gesehen, das Jesus, Gott oder einen Engel mit mehreren Gesichtern darstellt. In der buddhistischen Kunst hingegen gibt es oft Statuen mit mehreren Gesichtern. Zum Beispiel wird Senjukan'non – ein Wesen, das in verschiedenen Gestalten erscheint, um die Menschen zu retten – normalerweise als eine Figur dargestellt, die 42 Hände und 11 oder 27 Gesichter hat. Auf allen Händen – außer den vorderen beiden – befindet sich je ein Auge. Die Existenz vieler Augen verbindet man mit der

Gabe der Kan'non, gleichzeitig und überall viele Menschen beobachten zu können (die Bezeichnung für die Figur Kan'non lautet auf Sanskrit „Avalokites'vara" – „fähig zu beobachten"). Die große Anzahl der Hände soll die Fähigkeit, viele Menschen zu retten, ausdrücken. Und die Existenz mehrerer Gesichter zeigt die großartige Verwandlungskunst.

Man kann das Thema des Gesichtes kaum umgehen, wenn man sich mit der Fremdheit beschäftigt. Reisende bekommen von den Einheimischen deshalb so viele Masken aufs Gesicht gedrückt, weil sie sonst unsichtbar bleiben. Es gibt eine Szene in meiner Erzählung „Das Bad", in der die Ich-Erzählerin nach einem langen Aufenthalt in Europa nach Japan zurückfährt. Die Mutter blickt sie verwundert an und fragt:

„Warum hast du so ein asiatisches Gesicht bekommen?"

Die Ich-Erzählerin antwortet:

„Du redest Unsinn, Mutter. Das ist doch selbstverständlich. Ich bin eine Asiatin."

Darauf sagt die Mutter:

„So habe ich es nicht gemeint. Du hast ein fremdes Gesicht bekommen; wie die Japaner, die in amerikanischen Filmen auftreten."[6)]

Die Erwartungen der Betrachter erzeugen Masken, und die wachsen ins Fleisch der Fremden hinein. So werden stets die Blicke der anderen ins eigene Gesicht eingeschrieben. Ein Gesicht kann mehrere Schichten erhalten. Vielleicht kann man ein Gesicht wie einen Reisebericht umblättern.

Manchmal werden fremde Gesichter wie fremde Begriffe übersetzt, und zwar nicht nur im Kopf eines Menschen, sondern zum Beispiel auch auf einem Foto. Roland Barthes kommentiert sein Foto, das in einer japanischen Zeitung erschien, folgendermaßen:

„Dieser westliche Vortragsredner erfährt eine Japanisierung, wenn die Zeitung Kobe Shinbun ihn abbildet; die

Typographie Nippons lässt seine Augen schmaler, seine Augenbrauen schwärzer erscheinen."[7]

Einmal in New York sagte eine amerikanische Fotografin zu mir, dass mein Autorenfoto wie das einer deutschen Schriftstellerin aussehe. Seitdem schaue ich mir die Autorenfotos in den US-amerikanischen Büchern genauer an und habe tatsächlich Unterschiede zu den deutschen Fotos festgestellt. In US-amerikanischen Büchern wird ein Autor oft als ein normaler Mensch dargestellt: als einer, der auch ein Nachbar des Lesers sein kann. Hingegen wird das Gesicht eines deutschen Autors im Foto wie eine historische Mauer dargestellt, die man nicht durchbrechen kann, weil sie nicht mehr existiert. Seine Haut wird mit einer heiligen Schicht bedeckt und dadurch unnahbar. Die Angst vor Heuchelei zwingt seinen Mund, Misslaune zu zeigen. Auch die Augen glänzen kritisch und narzisstisch zugleich, als wollte der Autor dem Leser sagen: Für Sie schreibe ich aber nicht. Auf einem Autorenfoto verkörpert das Gesicht die Vorstellung von Autorschaft, wie sie in einer spezifischen Kultur hervorgebracht wird. Insofern werden Gesichter geschrieben und nicht abgebildet.

In Ovids „Metamorphosen" wird im ersten Kapitel auf eine Weise von der Entstehung der Welt erzählt, die gleichzeitig eine Erklärung für die Verwandelbarkeit der einzelnen Wesen ist. Die Vorstellung, dass ein Wesen sich überhaupt in ein anderes verwandeln kann, stammt aus der Erinnerung an die Zeit, in der die Gestalten der Lebewesen und der Dinge noch nicht bestimmt waren.

„Zwar gab es da Erde, Wasser und Luft; doch konnte man auf der Erde nicht stehen, die Woge ließ sich nicht durchschwimmen, und die Luft war ohne Licht. Keinem Ding blieb die eigene Gestalt, im Wege stand eines dem anderen, weil in ein und demselben Körper Kaltes kämpfte mit Heißem, Feuchtes mit Trockenem, Weiches mit Hartem, Schwereloses mit Schwerem. Diesen Streit schlichtete Gott und die bessere Natur. Er schied nämlich vom

Himmel die Erde und von der Erde die Gewässer, und er sonderte von der dichten Luft den klaren Himmel."[8]
Gott habe dann die Welt dadurch geschaffen, dass er im Chaos Grenzen gesetzt habe. Seine Arbeit war durchaus eine sprachliche Leistung. Denn materiell kann man nicht die Gewässer von der Erde trennen, da in Gewässern immer etwas Erde enthalten ist und umgekehrt. Nur durch Begriffe kann man beides voneinander trennen und sagen, hier ist das Wasser und hier ist die Erde. Das Wort „Erde" sagt nichts darüber, was die Erde eigentlich ist, sondern das Wort macht nur klar, dass die Erde kein Gewässer, kein Himmel, keine Luft usw. ist. Die Verwandlungsgeschichten in den „Metamorphosen" mögen für die Augen der Realisten märchenhaft, fiktiv, phantastisch im Sinne von unrealistisch wirken. Aber das Buch der „Metamorphosen" macht nur darauf aufmerksam, dass die Definitionen fiktiv sind.
In den „Metamorphosen" verwandeln sich Götter und Menschen aus verschiedenen Gründen in Monster, Tiere oder Pflanzen. Bei Daphne zum Beispiel, die sich in einen Baum verwandeln ließ, war die Verwandlung eine Methode der Selbstverteidigung. Denn Apollo verliebte sich in sie und wollte sie zwingen, ihn zu heiraten, während sie keinen Mann begehrte.[9] Iphis, die als Junge großgezogen wurde und sich in eine Frau verliebte, wurde in einen Mann verwandelt.[10] Den Geschlechtswechsel erlebte auch Tiresias, der in einem Wald zwei Schlangen begegnete und sie mit einem Stock schlug. Auf diese Weise verwandelte er sich in eine Frau. Nach sieben Jahren traf er wieder auf dieselben Schlangen, schlug sie erneut und verwandelte sich zurück in einen Mann.[11] Bei Actaeon, aus dessen Stirn das „fremdartige Geweih"[12] wuchs, hatte die Verwandlung den Charakter einer Strafe. Er schaute nämlich der nackten Diana beim Baden zu und wurde von ihr in ein Halbtier verwandelt. Neptun verwandelte sich in einen Stier, in einen Widder, in einen Vogel und

in einen Delphin, je nachdem, welche Frau er verführen wollte. Für ihn ist die Verwandlung nichts anderes als eine Liebeskunst.[13] Der Grund für die Verwandlung wird bei Ovid jedes Mal genannt.

Im Unterschied zu den „Metamorphosen" erfahren wir in Kafkas „Verwandlung" nie, warum Gregor Samsa sich verwandelt. Nachdem man die Geschichte von Daphne gelesen hat, liegt nahe, dass Gregor Samsa sich in einen Käfer verwandelt hat, damit er nicht mehr auf eine Dienstreise fahren muss. Die Verwandlung wäre dann ein Befreiungsakt von einer tödlichen Lebensart, der man ohne sie ausgeliefert wäre. Wenn Gregor Samsa Actaeons Nachkomme wäre, ginge es um eine Strafe. Vielleicht hat er seiner eigenen Schwester beim Baden zugeschaut, und der Vater macht ihm Vorwürfe, indem er ihn mit Äpfeln bewirft. Damit will der Vater ihn an den berühmten paradiesischen Apfel erinnern, oder aber die Redewendung „jemanden mit faulen Äpfeln bewerfen" motivierte ihn zu dieser Tat. Die Schwester konnte den verzauberten Bruder, anders als die Schwestern in den „Sieben Raben" und vielen anderen Märchen, nicht retten. Dass die Verwandlung Gregor Samsas als Strafe gedacht war, ist aber nur eine Vermutung. Im Text wird nicht einmal das Gesetz benannt, das er übertreten haben soll. Das ungenannte Gesetz bildet den leeren Mittelpunkt im Text.

Im Märchen gibt es zwei Arten von Verwandlung. Entweder wird ein Mensch in ein Tier verwandelt – das geschieht dann nicht aus freiem Willen, sondern der Mensch wird verzaubert – oder aber das Tier verwandelt sich in einen Menschen, und zwar aus eigenem Willen. In vielen japanischen Märchen verwandelt sich ein Tier in eine Frau und heiratet einen Menschen. Später verwandelt sie sich zurück und verlässt den Mann wieder. Es gibt zwar genauso viele Märchen, in denen sich die Tiere in Männer verwandeln und Menschen-Frauen heiraten, aber in den heute noch bekannten Märchen ist der Mensch, der in

Wirklichkeit ein Tier ist, immer eine Frau. Solche Märchen existierten angeblich nicht selten auch im europäischen Kulturraum, wurden aber wegen des Verbotes der Sodomie aus dem Gedächtnis verbannt. Denn jemand, der ein Tier heiratet, das die Gestalt eines Menschen hat, übertritt das Gesetz. Der umgekehrte Fall ist dagegen weniger problematisch. Wenn ein Frosch, den eine Frau geküsst hat, in Wirklichkeit ein Mensch ist, so gilt das nicht als Sodomie. Ich bezweifele jetzt aber doch, ob dieses Phänomen tatsächlich nur dem christlichen Verbot der Sodomie geschuldet ist. Denn in Ovids „Metamorphosen" kommt auch kein Fall vor, in dem sich ein Tier in einen Menschen verwandelt. Die Abwesenheit solcher Erzählungen muss noch andere Gründe haben, wenn sie auch für die griechische Mythologie gilt.

Die Verwandlung ist der Traum vieler Künstler. Es gibt eine berühmte Verwandlungsgeschichte eines japanischen Schriftstellers aus dem 18. Jh. mit Namen Ueda Akinari. In dieser Geschichte wird von einem Mönch erzählt, der als Maler bekannt war und immer Fische malte. Er ging häufig zum Biwa-See, gab den Fischern Geld und bat sie, die gerade gefangenen Fische wieder freizulassen. Er malte dann die Fische, wie sie voller Freude über die wiedererlangte Freiheit im Wasser schwammen. Einmal wurde er sehr krank und lag lange im Bett. Seine Seele löste sich von ihm und wanderte durch Dörfer, über Flüsse und Berge, bis er schließlich an den vertrauten Biwa-See gelangte. Der Maler, der noch nie mit dem Wasser vertraut gewesen war, bekam Lust zu schwimmen und ging ins Wasser. Dort wurde er von einem großen Fisch zum Wassergott geführt. Der Gott verwandelt den Maler in einen Karpfen, damit er noch freier schwimmen konnte. Der Karpfen wurde aber bald von den Menschen gefangen. Wenn der Maler, der noch im Bett lag, nicht aufgewacht wäre und den Boten zu der Küche geschickt hätte, in der der Karpfen getötet und gekocht werden sollte, wäre er gestorben. Der Maler lebte noch sehr lange. Kurz bevor er starb, nahm er mehrere Karpfenbilder, die er gemalt hatte, und versenkte sie im See. Dort lösten sich die gemalten Karpfen von Papier und Seide und tummelten sich munter im Wasser.[14)]

Ein Künstler kann sich durch eine leidenschaftliche Beschäftigung mit seiner Arbeit mit dem Modell seines Werkes identifizieren. Um das Werk zu produzieren, muss er jedoch gleichzeitig eine Distanz zu ihm gewinnen. Nachdem seine Arbeit abgeschlossen ist, ist auch die Möglichkeit zur Verwandlung ausgeschlossen. In der Wissenschaft muss die Arbeit durchgehend die Distanz zum Forschungsobjekt aufrechterhalten. Ein Zoologe darf sich nicht in ein Tier verwandeln. Wie kann aber ein Wissenschaftler sicher sein, dass er sich nie verwandeln wird? Da inzwischen japanische Japanologen und afrikanische Ethnologen mitreden dürfen, wäre es auch wünschenswert, wenn die Zoologie aus der Perspektive der Tiere erforscht werden könnte.

Zu diesem Zweck sollten sich die Tiere zunächst in Menschen verwandeln. Diese radikale Form der Wissenschaft muss Kafka interessiert haben. Seine Erzählung „Forschungen eines Hundes" ist ein Beispiel für eine solche Wissenschaft. In einer anderen Erzählung Kafkas, „Ein Bericht für eine Akademie", ist der Ich-Erzähler ein Affe, der an der Goldküste gefangen wurde. Auf dem Schiff in seinem Käfig und später auf dem neuen Land lernt er alles, was die Existenz eines Menschen ausmacht: vom Spucken bis zum Alkoholkonsum, vom Geldverdienen bis zum Über-SichSelbst-Reden. Jetzt, so heißt es im Text, hat er sich vom „Affentum" getrennt. Kafka hat hier eine neue Form von Wissenschaft dargestellt: Die Forschungsobjekte verwandeln sich in Forscher. Dieser trägt Narben auf dem Leib – Erinnerungen an die Zeit, in der er noch wie ein Versuchsobjekt behandelt wurde. Deshalb kann der Forscher gewisse Eigenarten der Menschen noch mit der nötigen Distanz betrachten, zum Beispiel den Begriff der Freiheit, nach der die Menschen sich sehnen.

„... mit Freiheit betrügt man sich unter Menschen allzuoft [sic]. Und so wie die Freiheit zu den erhabensten Gefühlen zählt, so auch die entsprechende Täuschung zu den erhabensten."[15)]

Die Freiheit stand dem Affen-Ich nie zur Wahl, er suchte lediglich nach einen Ausweg. Ihm blieb nichts anderes übrig, als sich nach Art der Menschen auszubilden und ihren sogenannten „Fortschritt" an sich zu vollziehen, um aus dem Käfig herauszukommen. Nachdem er die Verwandlung geschafft hat, erinnert er sich daran, wie er in einem Käfig saß. Ohne schmerzhaften Schreck kann er nicht über die vergangene Zeit nachdenken, aber immerhin überlebt er die Verwandlung – anders als Gregor Samsa, der als Käfer starb.

Das Modewort „Identitätsverlust" hat den Begriff der Verwandlung in die Ecke verdrängt. Die Verwandlung ist aber seit der Antike – sei es der griechischen oder der chinesischen – eines der wichtigsten Motive der Literatur. Poetische Verwandlungen bilden einen Raum zwischen der Sehnsucht nach einer tödlichen Verwandlung in ein Tier und dem Entsetzen über die Verwandlung in einen Menschen.

JÜRGEN WERTHEIMER ÜBER YOKO TAWADA

„Wer mit fremder Zunge spricht, der ist Vogel und Ornithologe in einer Person" – es ist schwer, in wenigen Worten etwas Fundiertes über Yoko Tawadas schriftstellerische Arbeit zu sagen und doch enthält bereits der Schlusssatz der ersten hier abgedruckten ‚Tübinger Poetik Vorlesungen' ihr Konzept in nuce. Als diskrete postmoderne Schamanin der dichterischen Rede und hellhörige Philologin (im Sinne der Romantik) in einer Person, konfrontiert und bereichert sie ihre Leser und Hörer mit Texten, die die Gabe des doppelten Blicks spiegeln. Poesie und Präzision, Phantasmagorie und Ordnung, wortrauschartige Assoziationsflut und strenge Konstruktion – bei ihr sind dies keine Gegensätze, sondern gleichwertige Elemente ein und desselben komplexen Wahrnehmungsprozesses, der die Sprache als Sprungbrett und als Fenster zu einer potenzierten Wirklichkeitserfahrung verwendet. Ob Thunfischdose oder Tunneleinfahrt, Kernseife oder Computerbildschirm – jedes anscheinend noch so banale Objekt wird unter dem zugleich ethnologischen und poetologischen Blick Yoko Tawadas zum Träger oder zum Medium einer verborgenen Botschaft, die es zu entschlüsseln gilt. Die Zeichen der Welt neu lesen lernen, nichts einfach als das hinnehmen, als das man als das man es gewöhnlich sieht, Mythen zu entzaubern und zugleich Alltagsmythen zu entdecken, all dies könnten Bestandteile ihrer Ästhetik der Verwandlungen sein.

Instrument dieses Forschens nach und Spielens mit Bedeutungen ist die Sprache in ihren verschiedenartigen Erscheinungsformen: ob als japanisches Ideogramm oder deutscher Buchstabe, ob als gutturaler Laut oder Vogelgezwitscher, ob als Stimme oder Schrift, Urwort oder Medienkonserve, Naturform, Computertaste; Text, Sprache und Schrift als Treibsand zwischen „Idee" und „Wirklich-

keit", zwischen „Kulturen" und „Natur", dem „Du" und dem „Ich" stellen überraschende Bezüge her, um sie im nächsten Augenblick wieder spurlos zu verwehen.
Konzentriert und sparsam, präzise und überlegt wie ihre Gestik, Mimik und Sprechweise ist auch die Schreibweise dieser Autorin, die in Welten aus Sprache zu leben scheint, und die es zugleich versteht, aus Sprachzeichen Wirklichkeitskörper zu formen.
Gäbe es eine ostasiatische Kabbala, Yoko Tawada wäre ihre Meisterin.

Jürgen Wertheimer

QUELLENANGABEN

für die 1. Lesung:
1) Kristeva, *Die Chinesin*, Frankfurt/M. 1982, S. 27f.
2) Celan, *Gedichte*, Frankfurt/M. 1993, Bd.I, S. 147.
3) E.T.A Hoffmann, *Die Serapionsbrüder I*, Berlin/Weimar 1994, S. 606.
4) Ich danke Andrea Ehlert für den Hinweis.
5) Ludwig Tieck, *Der blonde Eckbert. Der Runenberg. Die Elfen.*, Stuttgart 1952, S. 9.
6) Ebd., S. 17.
7) Ebd., S.23.
8) Richard Wagner, *Götterdämmerung*, Stuttgart 1951, S.68f..
9) Mircea Eliade, *Schamanismus und archaische Ekstasetechnik*, Frankfurt/M. 1994, S. 105.
10) Wolfgang Amadeus Mozart, *Die Zauberflöte*, Stuttgart 1962, S. 11.
11) Eliade, S. 103f.

für die 2. Lesung:
1) A. u. J. Assma nn/ Chr. Hardmeier (Hg,): *Schrift und Gedächtnis*. Archäologie der literarischen Kommunikation I. München 1983.
2) Unica Zürn: Gesamtausgabe, Berlin 1988, Bd. 1,S. 9.
3) Yoko Tawada, *Talisman*, Tübingen 1996, S. 98.
4) Heinrich von Kleist, *Der Zweikampf*, Sämtliche Werke, München 1984, Bd. 2, S. 227.
5) Kafka, *Erzählungen*, Frankfurt/M. 1996, S. 15.

für die 3. Lesung:
1) Walter Benjamin, *Einbahnstraße*, in Gesammelte Schriften, Frankfurt/M. 1991, Bd. IV, S. 115.
2) *Das dämonische Berlin*, ebd., Bd. VII, S. 91.
3) Ovid, *Metamorphosen*, München 1981, S. 71.
4) Yoko Tawada, *Aber die Mandarinen müssen heute abend noch geraubt werden*, Tübingen 1997, S. 45ff.
5) Ich danke Anne Duden für die Postkarte mit diesem Bild.
6) Yoko Tawada, Das Bad, Tübingen 1989, Kap. 8.
7) Roland Barthes, *Das Reich der Zeichen*, Frankfurt/M. 1981, S. 124.
8) Ovid, *Metamorphosen*, a.a.O., 1981, S. 9.
9) Ebd., S. 24.
10) Ebd., S. 222.
11) Ebd., S. 67.
12) Ebd., S. 62.
13) Ebd., S. 130.
14) vgl. Akinari Ueda, *Unter dem Regenmond*, ins Deutsche übertragen von Oscar Benl, Stuttgart 1980.
15) Franz Kafka, *Erzählungen*, Frankfurt/M. 1996, S.326.

BIO-/BIBLIOGRAFIE

Yoko Tawada wurde 1960 in Tokyo geboren. 1979 kam Yoko Tawada mit der transsibirischen Eisenbahn das erste Mal nach Deutschland. Von 1982 bis 2006 wohnte sie in Hamburg, sie lebt jetzt in Berlin. Sie studierte in Japan und später in Hamburg Literaturwissenschaft. Promotion. Erste Gedichte erschienen u.a. 1986 in *Japan-Lesebuch (Konkursbuch 16/17)*. Erste Buchveröffentlichung in Deutschland 1987, in Japan 1991. Sie schreibt in deutscher und japanischer Sprache.

Auszeichnungen (Auswahl): 1993 Akutagawa-Sho; 1996 Chamissopreis; 1998 und 2000 Poetik-Dozentin in Tübingen, Izumi-Kyooka-Literaturpreis; 2003 Sei-Ito-Literaturpreis; Junichiro-Tanizaki-Literaturpreis; 2005 Goethemedaille; 2009 Literaturpreis Tsubouchi-Shoyo-Taisho, 2011 Gastprofessur für Interkulturelle Poetik, Hamburg, 2016 Kleist-Preis, 2018 National Book Award (translated literature), Carl-Zuckmaier-Medaille, 2020 Asahi-Preis, 2022 Poetikdozentur in Bamberg, 2023 Mainichi-Shuppanbunka-Preis, 2025 Nelly-Sachs-Preis

BUCHVERÖFFENTLICHUNGEN in Deutschland
(Wir halten die Bücher lieferbar, zum Teil viele Auflagen und Übersetzungen in viele Sprachen):

Nur da wo du bist da ist nichts (Gedichte und Prosa) 1987, aus dem Japanischen von Peter Pörtner
Das Bad (Ein Kurzroman) 1989, aus dem Japanischen von Peter Pörtner
Wo Europa anfängt (Gedichte und Prosa) 1991, hier erschien ihr erster auf Deutsch geschrieber Text, Gedichte aus dem Japanischen von Peter Pörtner
Ein Gast (Eine Erzählung) 1993
Die Kranichmaske die bei Nacht strahlt (Ein Theaterstück) 1993
Tintenfisch auf Reisen (3 Erzählungen) 1994, aus dem Japanischen von Peter Pörtner
Talisman (Literarische Essays) 1996
Aber die Mandarinen müssen heute abend noch geraubt werden (Traumtexte) 1997
Wie der Wind in Ei (Ein Theaterstück) 1997
Verwandlungen (Tübinger Poetikvorlesungen) 1998
Orpheus oder Izanagi. Till. (Ein Hörspiel und ein Theaterstück) 1998
Opium für Ovid. Ein Kopfkissenbuch von 22 Frauen. (Prosa) 2000
Überseezungen. (Literarische Essays) 2002
Das nackte Auge (Roman) 2004
Was ändert der Regen an unserem Leben? (Libretto) 2005
Sprachpolizei und Spielpolyglotte (Literarische Essays) 2007
Schwager in Bordeaux (Roman) 2008
Abenteuer der deutschen Grammatik (Gedichte) 2010
Das Bad, Neuausgabe, zweisprachig, der japanische Originaltext erscheint hier zum ersten Mal, 2011
Fremde Wasser (Hamburger Poetikvorlesungen) 2012

Mein kleiner Zeh war ein Wort (12 Theaterstücke) 2013
Wo Europa anfängt & Ein Gast, Neuausgabe, 2014
Etüden im Schnee (Roman) 2014
akzentfrei (Literarische Essays) 2016
Ein Balkonplatz für flüchtige Abende (Prosagedicht) 2016
Sendbo-o-te (Roman) 2018, aus dem Japanischen von Peter Pörtner
Paul Celan und der chinesische Engel (Roman) 2020
Portrait eines Kreisels (Gedichte) 2022
Eine Zungengymnastik für die Gender-Debatte (Essay) 2023
Eine Affäre ohne Menschen (Roman) 2025

in Japan:

Sanninkankei (Erzählungen)1991
Inumukoiri (Erzählungen) 1993
Arufabetto no kizuguchi (Roman) 1993
Gottoharuto-tetsudo (Erzählungen) 1996
Seijo-densetsu (Roman) 1996
Kitsunetsuki (Prosagedichte) 1998
Hikon (Roman) 1998
Futakuchiotoko (Erzählungen) 1998
Katakoto no uwagoto (Essays) 1999
Hinagiku no cha no baai (Erzählungen) 2000
Hikari to zerachin no raipuchihhi (Erzählungen) 2000
henshin no tame no opium 2001
Kyuukeijikan (Erzählung) 2ßß2
Yougisha no Yakooressha (Erzählungen) 2002
Exophony (Essays) 2003
Tabi wo suru hadaka no me (Erzählung) 2005
Amerika. Hidoo no tairiku. (Prosa) 2006

Tokeru machi sukeru toori (Essay) 2006
Kasa no shitai to watashi no tsuma (Gedichte) 2006
Umi ni otoshita namae (Erzählungen) 2006
Bordo no gikei (Roman) 2009
Nisoo no yumi to kyuupiddo (Roman) 2010
Yuki no renshusei (Roman) 2011
Kumo wo tsukamu hanashi (Roman) 2012
Kotoba to aruku nikki (Essay) 2013
Kentoshi (Roman) 2014
Hyakunen no sanpo (Prosa) 2017
Shutaine (Gedichte) 2017
Chikyu ni chiribamcrarctc 2018
Ana-aki-efu no hastukoi-matsuri 2018
Hoshi ni honomekasarete 2021
Taiyô Shotô 2022
Hakkakuryôshi 2023

konkursbuch.de

Impressum

3. Auflage der erweiterten Neuausgabe 2026
(zuerst 1998, mehrere Auflagen, erweiterte Neuausgabe 2018)

PF 1621, D – 72006 Tübingen, Telefon: +49 (0) 7071 66551
+49 (0) 172 7233958, Ansprechpartnerin Claudia Gehrke:
gehrke@konkursbuch.com
Gestaltung: Verlag (Cover mit einer Zeichnung von Lea und Schriftzeichen.)
Gerne schicken wir Ihnen auch unser gedrucktes Gesamtverzeichnis.
ISBN: 978-3-88769-126-4. Auch als E-Book erhältlich.